Sigmund Freud

Manchmal ist eine Zigarre
nur eine Zigarre

Sigmund Freud (1856–1939)

Sigmund Freud

Manchmal ist eine Zigarre nur eine Zigarre

Eine Anthologie

marixverlag

»Wir mussten Freud Recht geben, wenn er in unserer Kultur, unserer Zivilisation nur eine dünne Schicht sah, die jeden Augenblick von den destruktiven Kräften der Unterwelt durchstoßen werden kann.«

Stefan Zweig

Inhalt

Die Traumdeutung (1900) 9

Der Witz und seine Beziehung zum Unbewussten
(1905) 33

Drei Abhandlungen zur Sexualtheorie (1905) 49

Zwangshandlungen und Religionsausübung (1907) . 63

Zur Einführung des Narzissmus (1914) 71

Das Unbewusste (1915) 93

Trauer und Melancholie (1915) 109

Jenseits des Lustprinzips (1920) 121

Massenpsychologie und Ich-Analyse (1921) 135

Das Ich und das Es (1923) 145

Einige psychologische Folgen des anatomischen
Geschlechtsunterschieds (1923) 151

Über die weibliche Sexualität (1931) 161

Warum Krieg? (1933) 171

Quellenverzeichnis 189

Die Traumdeutung

1900

Die wissenschaftliche Literatur der Traumprobleme

Auf den folgenden Blättern werde ich den Nachweis erbringen, daß es eine psychologische Technik gibt, welche gestattet, Träume zu deuten, und daß bei Anwendung dieses Verfahrens jeder Traum sich als ein sinnvolles psychisches Gebilde herausstellt, welches an angebbarer Stelle in das seelische Treiben des Wachens einzureihen ist. Ich werde ferner versuchen, die Vorgänge klarzulegen, von denen die Fremdartigkeit und Unkenntlichkeit des Traumes herrührt, und aus ihnen einen Rückschluß auf die Natur der psychischen Kräfte ziehen, aus deren Zusammen- oder Gegeneinanderwirken der Traum hervorgeht. […]

Welche Auffassung der Traum in den Urzeiten der Menschheit bei den primitiven Völkern gefunden und welchen Einfluß er auf die Bildung ihrer Anschauungen von der Welt und von der Seele genommen haben mag, das ist ein Thema von so hohem Interesse, daß ich es nur ungern von der Bearbeitung in diesem Zusammenhange ausschließe. […] Es war bei ihnen Voraussetzung, daß die Träume mit der Welt übermenschlicher Wesen, an die sie glaubten, in Beziehung stünden und Offenbarungen von Seiten der Götter und Dämonen brächten. Ferner drängte sich ihnen auf, daß die Träume eine für den Träumer bedeutsame Absicht hätten, in der Regel, ihm die Zukunft zu verkünden. Die außerordentliche Verschiedenheit in dem Inhalt und dem Eindruck der Träume machte es allerdings schwierig, eine einheitliche Auffassung derselben durchzuführen, und nötigte zu mannigfachen Unterscheidungen und Gruppenbildungen der

Träume, je nach ihrem Wert und ihrer Zuverlässigkeit. Bei den einzelnen Philosophen des Altertums war die Beurteilung des Traumes natürlich nicht unabhängig von der Stellung, die sie der *Mantik* überhaupt einzuräumen bereit waren. In den beiden den Traum behandelnden Schriften des Aristoteles ist der Traum bereits Objekt der Psychologie geworden. Wir hören, der Traum sei nicht gottgesandt, nicht göttlicher Natur, wohl aber dämonischer, da ja die Natur dämonisch, nicht göttlich ist, d. h. der Traum entstammt keiner übernatürlichen Offenbarung, sondern folgt aus den Gesetzen des allerdings mit der Gottheit verwandten menschlichen Geistes. Der Traum wird definiert als die Seelentätigkeit des Schlafenden, insofern er schläft.

Aristoteles kennt einige der Charaktere des Traumlebens, z. B. daß der Traum kleine, während des Schlafes eintretende Reize ins Große umdeutet (»man glaubt, durch ein Feuer zu gehen und heiß zu werden, wenn nur eine ganz unbedeutende Erwärmung dieses oder jenes Gliedes stattfindet«), und zieht aus diesem Verhalten den Schluß, daß die Träume sehr wohl die ersten bei Tag nicht bemerkten Anzeichen einer beginnenden Veränderung im Körper dem Arzt verraten könnten.

Die Alten vor Aristoteles haben den Traum bekanntlich nicht für ein Erzeugnis der träumenden Seele gehalten, sondern für eine Eingebung von göttlicher Seite, und die beiden gegensätzlichen Strömungen, die wir in der Schätzung des Traumlebens als jederzeit vorhanden auffinden werden, machten sich bereits bei ihnen geltend. Man unterschied wahrhafte und wertvolle Träume, dem Schläfer gesandt, um ihn zu warnen oder ihm die Zukunft zu verkünden, von eiteln, trügerischen und nichtigen, deren Absicht es war, ihn in die Irre zu führen oder ins Verderben zu stürzen. […]

[…] Da man von den Träumen im allgemeinen wichtige Aufschlüsse erwartete, aber nicht alle Träume unmittelbar verstand und nicht wissen konnte, ob nicht ein bestimmter unverständlicher Traum doch Bedeutsames ankündigte, war der Anstoß zu einer Bemühung gegeben, welche den unverständlichen Inhalt des Traums durch einen einsichtlichen und dabei bedeutungsvollen ersetzen konnte. [...]

Die vorwissenschaftliche Traumauffassung der Alten stand sicherlich im vollsten Einklange mit ihrer gesamten Weltanschauung, welche als Realität in die Außenwelt zu projizieren pflegte, was nur innerhalb des Seelenlebens Realität hatte. Sie trug überdies dem Haupteindruck Rechnung, welchen das Wachleben durch die am Morgen übrigbleibende Erinnerung von dem Traum empfängt, denn in dieser Erinnerung stellt sich der Traum als etwas Fremdes, das gleichsam aus einer anderen Welt herrührt, dem übrigen psychischen Inhalte entgegen. Es wäre übrigens irrig zu meinen, daß die Lehre von der übernatürlichen Herkunft der Träume in unseren Tagen der Anhänger entbehrt; von allen pietistischen und mystischen Schriftstellern abgesehen – die ja recht daran tun, die Reste des ehemals ausgedehnten Gebietes des Übernatürlichen besetzt zu halten, solange sie nicht durch naturwissenschaftliche Erklärung erobert sind –, trifft man doch auch auf scharfsinnige und allem Abenteuerlichen abgeneigte Männer, die ihren religiösen Glauben an die Existenz und an das Eingreifen übermenschlicher Geisteskräfte gerade auf die Unerklärbarkeit der Traumerscheinungen zu stützen versuchen. [...]

B
DAS TRAUMMATERIAL –
DAS GEDÄCHTNIS IM TRAUM

Daß alles Material, das den Trauminhalt zusammensetzt, auf irgendeine Weise vom Erlebten abstammt, also im Traum reproduziert, *erinnert* wird, dies wenigstens darf uns als unbestrittene Erkenntnis gelten. Doch wäre es ein Irrtum anzunehmen, daß ein solcher Zusammenhang des Trauminhaltes mit dem Wachleben sich mühelos als augenfälliges Ergebnis der angestellten Vergleichung ergeben muß. Derselbe muß vielmehr aufmerksam gesucht werden und weiß sich in einer ganzen Reihe von Fällen für lange Zeit zu verbergen. Der Grund hiefür liegt in einer Anzahl von Eigentümlichkeiten, welche die Erinnerungsfähigkeit im Traume zeigt und die, obwohl allgemein bemerkt, sich doch bisher jeder Erklärung entzogen haben. Es wird der Mühe lohnen, diese Charaktere eingehend zu würdigen.

Es kommt zunächst vor, daß im Trauminhalt ein Material auftritt, welches man dann im Wachen nicht als zu seinem Wissen und Erleben gehörig anerkennt. Man erinnert wohl, daß man das Betreffende geträumt, aber erinnert nicht, daß und wann man es erlebt hat. Man bleibt dann im unklaren darüber, aus welcher Quelle der Traum geschöpft hat, und ist wohl versucht, an eine selbständig produzierende Tätigkeit des Traumes zu glauben, bis oft nach langer Zeit ein neues Erlebnis die verloren gegebene Erinnerung an das frühere Erlebnis wiederbringt und damit die Traumquelle aufdeckt. Man muß dann zugestehen, daß man im Traum etwas gewußt und erinnert hatte, was der Erinnerungsfähigkeit im Wachen entzogen war. [...]

Daß der Traum über Erinnerungen verfügt, welche dem Wachen unzugänglich sind, ist eine so merkwürdige und theoretisch bedeutsame Tatsache, daß ich durch Mitteilung noch anderer »hypermnestischer« Träume die Aufmerksamkeit für sie verstärken möchte. [Alfred] Maury erzählt, daß ihm eine Zeitlang das Wort *Mussidan* bei Tag in den Sinn zu kommen pflegte. Er wußte, daß es der Name einer französischen Stadt sei, aber weiter nichts. Eines Nachts träumte ihm von einer Unterhaltung mit einer gewissen Person, die ihm sagte, sie käme aus Mussidan, und auf seine Frage, wo die Stadt liege, zur Antwort gab: Mussidan sei eine Kreisstadt im *Département de la Dordogne*. Erwacht, schenkte Maury der im Traume erhaltenen Auskunft keinen Glauben; das geographische Lexikon belehrte ihn aber, daß sie vollkommen richtig war. In diesem Falle ist das Mehrwissen des Traumes bestätigt, die vergessene Quelle dieses Wissens aber nicht aufgespürt worden. […]

[…] Ich meine, jeder, der sich mit Träumen beschäftigt, wird es als ein sehr gewöhnliches Phänomen anerkennen müssen, daß der Traum Zeugnis für Kenntnisse und Erinnerungen ablegt, welche der Wachende nicht zu besitzen vermeint. In den psychoanalytischen Arbeiten mit Nervösen, von denen ich später berichten werde, komme ich jede Woche mehrmals in die Lage, den Patienten aus ihren Träumen zu beweisen, daß sie Zitate, obszöne Worte u. dgl. eigentlich sehr gut kennen und daß sie sich ihrer im Traume bedienen, obwohl sie sie im wachen Leben vergessen haben. […]

Ich habe selbst an eigenen Träumen erfahren, wie sehr man mit der Aufdeckung der Herkunft einzelner Traumelemente vom Zufalle abhängig bleibt. So verfolgte mich durch Jahre vor der Abfassung dieses Buches das Bild eines sehr einfach gestalteten Kirchturmes, den gesehen zu haben ich mich nicht erinnern konnte. Ich erkannte ihn dann plötzlich, und zwar mit voller Sicherheit, auf einer kleinen Station zwischen Salzburg und Reichenhall. Es war in der zweiten Hälfte der neunziger Jahre, und ich hatte die Strecke im Jahre 1886 zum erstenmal befahren. In späteren Jahren, als ich mich bereits intensiv mit dem Studium der Träume beschäftigte, wurde das häufig wiederkehrende Traumbild einer gewissen merkwürdigen Lokalität mir geradezu lästig. Ich sah in bestimmter örtlicher Beziehung zu meiner Person, zu meiner Linken, einen dunklen Raum, aus dem mehrere groteske Sandsteinfiguren hervorleuchteten. Ein Schimmer von Erinnerung, dem ich nicht recht glauben wollte, sagte mir, es sei ein Eingang in einen Bierkeller; es gelang mir aber weder aufzuklären, was dieses Traumbild bedeuten wolle, noch woher es stamme. Im Jahre 1907 kam ich zufällig nach Padua, das ich zu meinem Bedauern seit 1895 nicht wieder hatte besuchen können. Mein erster Besuch in der schönen Universitätsstadt war unbefriedigend geblieben, ich hatte die Fresken Giottos in der Madonna dell'Arena nicht besichtigen können und machte mitten auf der dahin führenden Straße kehrt, als man mir mitteilte, das Kirchlein sei an diesem Tage gesperrt. Bei meinem zweiten Besuche, zwölf Jahre später, gedachte ich mich zu entschädigen und suchte vor allem den Weg zur Madonna dell'Arena auf. An der zu ihr führenden Straße, linker Hand von meiner Wegrichtung, wahrscheinlich an der Stelle, wo ich 1895 umgekehrt war, entdeckte ich die Lokalität, die ich so oft im Traume gesehen hatte, mit den in ihr enthaltenen Sandsteinfiguren. Es war in der Tat der Eingang in einen Restaurationsgarten.

Eine der Quellen, aus welcher der Traum Material zur Reproduktion bezieht, zum Teil solches, das in der Denktätigkeit des Wachens nicht erinnert und nicht verwendet wird, ist das Kindheitsleben. […]
Die Herrschaft des Traumes über das Kindheitsmaterial, welches bekanntlich zum größten Teil in die Lücken der bewußten Erinnerungsfähigkeit fällt, gibt Anlaß zur Entstehung von interessanten hypermnestischen Träumen […]. […]
Ich kann hier einen eigenen Traum erzählen, in dem der zu erinnernde Eindruck durch eine Beziehung ersetzt ist. Ich sah in einem Traum eine Person, von der ich im Traum wußte, es sei der Arzt meines heimatlichen Ortes. Ihr Gesicht war nicht deutlich, sie vermengte sich aber mit der Vorstellung eines meiner Gymnasiallehrer, den ich noch heute gelegentlich treffe. Welche Beziehung die beiden Personen verknüpfe, konnte ich dann im

Wachen nicht ausfindig machen. Als ich aber meine Mutter nach dem Arzt dieser meiner ersten Kinderjahre fragte, erfuhr ich, daß er einäugig gewesen war, und einäugig ist auch der Gymnasiallehrer, dessen Person die des Arztes im Traum gedeckt hatte. Es waren achtunddreißig Jahre her, daß ich den Arzt nicht mehr gesehen, und ich habe meines Wissens im wachen Leben niemals an ihn gedacht, obwohl eine Narbe am Kinn mich an seine Hilfeleistung hätte erinnern können.

Es klingt, als sollte ein Gegengewicht gegen die übergroße Rolle der Kindheitseindrücke im Traumleben geschaffen werden, wenn mehrere Autoren behaupten, in den meisten Träumen ließen sich Elemente aus den allerjüngsten Tagen nachweisen. [...]
Es ist mehreren Autoren, die den intimen Zusammenhang des Trauminhaltes mit dem Wachleben nicht bezweifeln mochten, aufgefallen, daß Eindrücke, welche das wache Denken intensiv beschäftigen, erst dann im Traume auftreten, wenn sie von der Tagesgedankenarbeit einigermaßen zur Seite gedrängt worden sind. [...]

Die dritte, merkwürdigste und unverständlichste Eigentümlichkeit des Gedächtnisses im Traum zeigt sich in der Auswahl des reproduzierten Materials, indem nicht wie im Wachen nur das Bedeutsamste, sondern im Gegenteil auch das Gleichgültigste, Unscheinbarste der Erinnerung wert gehalten wird. [...]
Man sieht leicht ein, wie die sonderbare Vorliebe des Traumgedächtnisses für das Gleichgültige und darum Unbeachtete an den Tageserlebnissen zumeist dazu führen mußte, die Abhängigkeit des Traumes vom Tagesleben überhaupt zu verkennen und dann wenigstens den Nachweis derselben in jedem einzelnen Falle zu erschweren. [...]

Das Verhalten des Traumgedächtnisses ist sicherlich höchst bedeutsam für jede Theorie des Gedächtnisses überhaupt. [...] Man halte sich nun diese außerordentliche Leistungsfähigkeit des Gedächtnisses im Traum vor Augen, um den Widerspruch lebhaft zu empfinden, den gewisse später zu erwähnende Traumtheorien aufstellen müssen, welche die Absurdität und Inkohärenz der Träume durch ein partielles Vergessen des uns bei Tag Bekannten erklären wollen.

Man könnte etwa auf den Einfall geraten, das Phänomen des Träumens überhaupt auf das des Erinnerns zu reduzieren, im Traum die Äußerung einer auch nachts nicht rastenden Reproduktionstätigkeit sehen, die sich Selbstzweck ist. [...] Der Traum bringt nur Bruchstücke von Reproduktionen. Dies ist sicherlich so weit die Regel, daß es eine theoretische Verwertung gestattet. Indes kommen Ausnahmen vor, in denen ein Traum ein Erlebnis ebenso vollständig wiederholt, wie unsere Erinnerung im Wachen es vermag. [...]

C
Traumreize und Traumquellen

Was man unter Traumreizen und Traumquellen verstehen soll, das kann durch eine Berufung auf die Volksrede »Träume kommen vom Magen« verdeutlicht werden. Hinter der Aufstellung dieser Begriffe verbirgt sich eine Theorie, die den Traum als Folge einer Störung des Schlafes erfaßt. Man hätte nicht geträumt, wenn nicht irgendetwas Störendes im Schlaf sich geregt hätte, und der Traum ist die Reaktion auf diese Störung.

Die Erörterungen über die erregenden Ursachen der Träume nehmen in den Darstellungen der Autoren den breitesten Raum ein. Daß das Problem sich erst ergeben konnte, seitdem der Traum ein Gegenstand der biologischen Forschung geworden war, ist selbstverständlich. Die Alten, denen der Traum als göttliche Sendung galt, brauchten nach einer Reizquelle für ihn nicht zu suchen; aus dem Willen der göttlichen oder dämonischen Macht erfloß der Traum, aus deren Wissen oder Absicht sein Inhalt. Für die Wissenschaft erhob sich alsbald die Frage, ob der Anreiz zum Träumen stets der nämliche sei oder ein vielfacher sein könne, und damit die Erwägung, ob die ursächliche Erklärung des Traumes der Psychologie oder vielmehr der Physiologie anheimfalle. Die meisten Autoren scheinen anzunehmen, daß die Ursachen der Schlafstörung, also die Quellen des Träumens, mannigfaltiger Art sein können und daß Leibreize ebenso wie seelische Erregungen zur Rolle von Traumerregern gelangen. In der Bevorzugung der einen oder der anderen unter den Traumquellen, in der Herstellung einer Rangordnung unter ihnen je nach ihrer Bedeutsamkeit für die Entstehung des Traumes gehen die Ansichten weit auseinander.

Wo die Aufzählung der Traumquellen vollständig ist, da ergeben sich schließlich vier Arten derselben, die auch zur Einteilung der Träume verwendet worden sind: 1) *Äußere (objektive) Sinneserregung.* 2) *Innere (subjektive) Sinneserregung.* 3) *Innerer (organischer) Leibreiz.* 4) *Rein psychische Reizquellen.*

AD 1) DIE ÄUSSEREN SINNESREIZE

Der jüngere [Adolf von] Strümpell, der Sohn des Philosophen [Ludwig von Strümpell], dessen Werk über den Traum uns bereits mehrmals als Wegweiser in die Traumprobleme diente, hat bekanntlich die Beobachtung eines Kranken mitgeteilt, der mit allgemeiner Anästhesie der Körperdecken und Lähmung mehrerer der höheren Sinnesorgane behaftet war. Wenn man bei diesem Manne die wenigen noch offenen Sinnespforten von der Außenwelt abschloß, verfiel er in Schlaf. Wenn wir einschlafen wollen, pflegen wir alle eine Situation anzustreben, die jener im Strümpellschen Experimente ähnlich ist. Wir verschließen die wichtigsten Sinnespforten, die Augen, und suchen von den anderen Sinnen jeden Reiz oder jede Veränderung der auf sie wirkenden Reize abzuhalten. Wir schlafen dann ein, obwohl uns unser Vorhaben nie völlig gelingt. Wir können weder die Reize vollständig von den Sinnesorganen fernhalten noch die Erregbarkeit unserer Sinnesorgane völlig aufheben. Daß wir durch stärkere Reize jederzeit zu erwecken sind, darf uns beweisen, »daß die Seele auch im Schlaf in fortdauernder Verbindung mit der außerleiblichen Welt« geblieben ist. Die Sinnesreize, die uns während des Schlafes zukommen, können sehr wohl zu Traumquellen werden.

Von solchen Reizen gibt es nun eine große Reihe, von den unvermeidlichen an, die der Schlafzustand mit sich bringt oder nur gelegentlich zulassen muß, bis zum zufälligen Weckreiz, welcher geeignet oder dazu bestimmt ist, dem Schlafe ein Ende zu machen. Es kann stärkeres Licht in die Augen dringen, ein Geräusch sich vernehmbar machen, ein riechender Stoff die Nasenschleimhaut erregen. Wir können im Schlaf durch ungewollte Bewegungen einzelne Körperteile entblößen und so der Abkühlungsempfindung aussetzen oder durch Lageveränderung uns selbst Druck- und Berührungsempfindungen erzeugen. Es kann uns eine Fliege stechen, oder ein kleiner nächtlicher Unfall kann mehrere Sinne zugleich bestürmen. Die Aufmerksamkeit der Beobachter hat eine ganze Reihe von Träumen gesammelt, in welchen der beim Erwachen konstatierte Reiz und ein Stück des Trauminhalts so weit übereinstimmten, daß der Reiz als Traumquelle erkannt werden konnte. […]

Das auf die Ähnlichkeit zwischen Reiz und Trauminhalt gegründete Argument läßt eine Verstärkung zu, wenn es gelingt, bei einem Schlafenden durch planmäßige Anbringung von Sinnesreizen dem Reiz entsprechende Träume zu erzeugen. […]

Zur Berühmtheit gelangt ist ein Traum, den Maury erlebt hat. Er war leidend und lag in seinem Zimmer zu Bett; seine Mutter saß neben ihm. Er träumte nun von der Schreckensherrschaft zur Zeit der Revolution, machte greuliche Mordszenen mit und wurde dann endlich selbst vor den Gerichtshof zitiert. Dort sah er Robespierre, Marat, Fouquier-Tinville und alle die traurigen Helden jener gräßlichen Epoche, stand ihnen Rede, wurde nach allerlei Zwischenfällen, die sich in seiner Erinnerung nicht fixierten, verurteilt und dann, von einer unübersehbaren Menge begleitet, auf den Richtplatz geführt. Er steigt aufs Schafott, der Scharfrichter bindet ihn aufs Brett; es kippt um; das Messer der Guillotine fällt herab; er fühlt, wie sein Haupt vom Rumpf getrennt wird, wacht in der entsetzlichsten Angst auf – und findet, daß der Bettaufsatz herabgefallen war und seine Halswirbel, wirklich ähnlich wie das Messer der Guillotine, getroffen hatte.

An diesen Traum knüpft sich eine interessante, von Le Lorrain (1894) und Egger (1895) in der *Revue philosophique* eingeleitete Diskussion, ob und wie es dem Träumer möglich werde, in dem kurzen Zeitraum, der zwischen der Wahrnehmung des Weckreizes und dem Erwachen verstreicht, eine anscheinend so überaus reiche Fülle von Trauminhalt zusammenzudrängen.

Beispiele dieser Art lassen die objektiven Sinnesreizungen während des Schlafes als die am besten sichergestellte unter den Traumquellen erscheinen. Sie ist es auch, die in der Kenntnis des Laien einzig und allein eine Rolle spielt. Fragt man einen Gebildeten, der sonst der Traumliteratur fremd geblieben ist, wie die Träume zustande kommen, so wird er zweifellos mit der Berufung auf einen ihm bekanntgewordenen Fall antworten, in dem ein Traum durch einen nach dem Erwachen erkannten objektiven Sinnesreiz aufgeklärt wurde. Die wissenschaftliche Betrachtung kann dabei nicht haltmachen; sie schöpft den Anlaß zu weiteren Fragen aus der Beobachtung, daß der während des Schlafes auf die Sinne einwirkende Reiz im Traume ja nicht in seiner wirklichen Gestalt auftritt, sondern durch irgendeine andere Vorstellung vertreten wird, die in irgendwelcher Beziehung zu ihm steht. [...]

[...] Ein Sinneseindruck wird von uns *erkannt, richtig gedeutet*, d. h. unter die Erinnerungsgruppe eingereiht, in die er nach allen vorausgegangenen Erfahrungen gehört, wenn der Eindruck stark, deutlich, dauerhaft genug ist und wenn uns die für diese Überlegung erforderliche Zeit zu Gebote steht. Sind diese Bedingungen nicht erfüllt, so verkennen wir das Objekt, von dem der Eindruck herrührt; wir bilden auf Grund desselben eine Illusion. »Wenn jemand auf freiem Felde spazierengeht und einen entfernten Gegenstand undeutlich wahrnimmt, kann es kommen, daß er denselben zuerst für ein Pferd hält.« Bei näherem Zusehen kann die Deutung einer ruhenden Kuh sich aufdrängen, und endlich kann sich die Vorstellung mit Bestimmtheit in die einer Gruppe von sitzenden Menschen auflösen. Ähnlich unbestimmter Natur sind nun die Eindrücke, welche die Seele im Schlafe durch äußere Reize empfängt; sie bildet auf Grund derselben Illusionen, indem durch den Eindruck eine größere oder kleinere Anzahl von Erinnerungsbildern wachgerufen wird, durch welche der Eindruck seinen psychischen Wert bekommt. [...]

Wir stehen hier vor einer Wahl. Wir können zugeben, daß die Gesetzmäßigkeit in der Traumbildung wirklich nicht weiter zu verfolgen ist, und somit verzichten zu fragen, ob die Deutung der durch den Sinneseindruck hervorgerufenen Illusion nicht noch anderen Bedingungen unterliegt. Oder wir können auf die Vermutung geraten, daß die im Schlaf angreifende objektive Sinnesreizung als Traumquelle nur eine bescheidene Rolle spielt und daß andere Momente die Auswahl der wachzurufenden Erinnerungsbilder determinieren. In der Tat, wenn man die experimentell erzeugten Träume Maurys prüft, die ich in dieser Absicht so ausführlich mitgeteilt habe, so ist man versucht zu sagen, der angestellte Versuch deckt eigentlich nur eines der Traumelemente nach seiner Herkunft, und der übrige Trauminhalt erscheint vielmehr zu selbständig, zu sehr im einzelnen bestimmt, als daß er durch die eine Anforderung, er müsse sich mit dem experimentell eingeführten Element vertragen, aufgeklärt werden könnte. Ja man beginnt selbst an der Illusionstheorie und an der Macht des objektiven Eindrucks, den Traum zu gestalten, zu zweifeln, wenn man erfährt, daß dieser Eindruck gelegentlich die allersonderbarste und entlegenste Deutung im Traume erfährt. [...]

AD 2) INNERE (SUBJEKTIVE) SINNESERREGUNG

Allen Einwendungen zum Trotz wird man zugeben müssen, daß die Rolle objektiver Sinneserregungen während des Schlafs als Traumerreger unbestritten feststeht, und wenn diese Reize ihrer Natur und Häufigkeit nach vielleicht unzureichend erscheinen, um alle Traumbilder zu erklären, so wird darauf hingewiesen, nach anderen, aber ihnen analog wirkenden Traumquellen zu suchen. [...]

Die subjektiven Sinneserregungen haben als Quelle der Traumbilder offenbar den Vorzug, daß sie nicht wie die objektiven vom äußeren Zufall abhängig sind. Sie stehen sozusagen der Erklärung zu Gebote, sooft diese ihrer bedarf. Sie stehen aber hinter den objektiven Sinnesreizen darin zurück, daß sie jener Bestätigung ihrer Rolle als Traumerreger, welche Beobachtung und Experiment bei den letzteren ergeben, nur schwer oder gar nicht zugänglich sind. Den Haupterweis für die traumerregende Macht subjektiver Sinneserregungen erbringen die sogenannten hypnagogischen Halluzinationen, die von Joh[annes] Müller (1826) als »phantastische Gesichtserscheinungen« beschrieben worden sind. Es sind dies oft sehr lebhafte, wechselvolle Bilder, die sich in der Periode des Einschlafens, bei vielen Menschen ganz regelmäßig, einzustellen pflegen und auch nach dem Öffnen der Augen eine Weile bestehen bleiben können. […]

Ganz ähnlich wie diese Bilder können auch Gehörshalluzinationen von Worten, Namen usw. hypnagogisch auftreten und dann im Traum sich wiederholen, als Ouvertüre gleichsam, welche die Leitmotive der mit ihr beginnenden Oper ankündigt. […]

AD 3) INNERER, ORGANISCHER LEIBREIZ

Wenn wir auf dem Wege sind, die Traumquellen nicht außerhalb, sondern innerhalb des Organismus zu suchen, so müssen wir uns daran erinnern, daß fast alle unsere inneren Organe, die im Zustande der Gesundheit uns kaum Kunde von ihrem Bestand geben, in Zuständen von Reizung – die wir so heißen – oder in Krankheiten eine Quelle von meist peinlichen Empfindungen für uns werden, welche den Erregern der von außen anlangenden Schmerz- und Empfindungsreize gleichgestellt werden muß. […] Schon Aristoteles erklärt es für sehr wohl möglich, daß man im Traum auf beginnende Krankheitszustände aufmerksam gemacht würde, von denen man im Wachen noch nichts merkt (kraft der Vergrößerung, die der Traum den Eindrücken angedeihen läßt […]), und ärztliche Autoren, deren Anschauung es sicherlich fernelag, an eine prophetische Gabe des Traumes zu glauben, haben wenigstens für die Krankheitsankündigung diese Bedeutung des Traumes gelten lassen.

Bei den Griechen gab es Traumorakel, welche gewöhnlich Genesung suchende Kranke aufzusuchen pflegten. Der Kranke ging in den Tempel des Apollo oder des Äskulap, dort wurde er

DIE TRAUMDEUTUNG

Erhöhung [↑]

verschiedenen Zeremonien unterworfen, gebadet, gerieben, geräuchert, und so in Exaltation versetzt, legte man ihn im Tempel auf das Fell eines geopferten Widders. Er schlief ein und träumte von Heilmitteln, die ihm in natürlicher Gestalt oder in Symbolen und Bildern gezeigt wurden, welche dann die Priester deuteten. […]

[…] Ausgebildete Störungen der inneren Organe wirken offenbar bei einer ganzen Reihe von Personen als Traumerreger. Allgemein wird auf die Häufigkeit der Angstträume bei Herz- und Lungenkranken hingewiesen, ja diese Beziehung des Traumlebens wird von vielen Autoren so sehr in den Vordergrund gedrängt, daß ich mich hier mit der bloßen Verweisung auf die Literatur begnügen kann. [Philippe] Tissié meint sogar, daß die erkrankten Organe dem Trauminhalt das charakteristische Gepräge aufdrücken. Die Träume der Herzkranken sind gewöhnlich sehr kurz und enden mit schreckhaftem Erwachen; fast immer spielt im Inhalt derselben die Situation des Todes unter gräßlichen Umständen eine Rolle. Die Lungenkranken träumen vom Ersticken, Gedränge, Flucht und sind in auffälliger Zahl dem bekannten Alptraum unterworfen […]. Bei Digestionsstörungen enthält der Traum Vorstellungen aus dem Kreise des Genießens und des Ekels. Der Einfluß sexueller Erregung endlich auf den Inhalt der Träume ist für die Erfahrung eines jeden einzelnen greifbar genug und leiht der ganzen Lehre von der Traumerregung durch Organreiz ihre stärkste Stütze. […]

Der Zuwachs an Traumquellen aus diesen unzweifelhaft festgestellten Tatsachen ist übrigens nicht so bedeutsam, als man meinen möchte. Der Traum ist ja ein Phänomen, das sich bei Gesunden – vielleicht bei allen, vielleicht allnächtlich – einstellt und das Organerkrankung offenbar nicht zu seinen unentbehrlichen Bedingungen zählt. Es handelt sich für uns aber nicht darum, woher besondere Träume rühren, sondern was für die gewöhnlichen Träume normaler Menschen die Reizquelle sein mag.

Indes bedarf es jetzt nur eines Schrittes weiter, um auf eine Traumquelle zu stoßen, die reichlicher fließt als jede frühere und eigentlich für keinen Fall zu versiegen verspricht. Wenn es sichergestellt ist, daß das Körperinnere im kranken Zustande zur Quelle der Traumreize wird, und wenn wir zugeben, daß die Seele im Schlafzustande, von der Außenwelt abgelenkt, dem Innern des Leibes größere Aufmerksamkeit zuwenden kann, so liegt es nahe anzunehmen, daß die Organe nicht erst zu erkranken brauchen, um Erregungen, die irgendwie zu Traumbildern werden, an die schlafende Seele gelangen zu lassen. Was wir im Wachen dumpf als Gemeingefühl nur seiner Qualität nach wahrnehmen und wozu nach der Meinung der Ärzte alle Organsysteme ihre Beiträge leisten, das würde nachts, zur kräftigen Einwirkung gelangt und mit seinen einzelnen Komponenten tätig, die mächtigste und gleichzeitig die gewöhnlichste Quelle für die Erweckung der Traumvorstellungen ergeben. Es erübrigte dann noch die Untersuchung, nach welchen Regeln sich die Organreize in Traumvorstellungen umsetzen.

[...] Der Ideengang, welcher die vegetative Organempfindung zum Traumbildner macht, hat überdies für den Arzt den anderen Anreiz, daß er Traum und Geistesstörung, die soviel Übereinstimmung in ihren Erscheinungen zeigen, auch ätiologisch vereinigen läßt, denn Alterationen des Gemeingefühls und Reize, die von den inneren Organen ausgehen, werden auch einer weitreichenden Bedeutung für die Entstehung der Psychosen bezichtigt. Es ist darum nicht zu verwundern, wenn die Leibreiztheorie sich auf mehr als einen Urheber, der sie selbständig angegeben, zurückführen läßt.

Für eine Reihe von Autoren wurde der Gedankengang maßgebend, den der Philosoph Schopenhauer im Jahre 1851 entwickelt hat. Das Weltbild entsteht in uns dadurch, daß unser Intellekt die ihn von außen treffenden Eindrücke in die Formen der Zeit, des Raums und der Kausalität umgießt. Die Reize aus dem Inneren des Organismus, vom sympathischen Nervensystem her, äußern bei Tag höchstens einen unbewußten Einfluß auf unsere Stimmung. Bei Nacht aber, wenn die übertäubende Wirkung der Tageseindrücke aufgehört hat, vermögen jene aus dem Innern heraufdringenden Eindrücke sich Aufmerksamkeit zu verschaffen – ähnlich wie wir bei Nacht die Quelle rieseln hören, die der Lärm des Tages unvernehmbar machte. Wie anders aber soll der Intellekt auf diese Reize reagieren, als indem er seine ihm eigentümliche Funktion vollzieht? Er wird also die Reize zu raum- und zeiterfüllenden Gestalten, die sich am Leitfaden der Kausalität bewegen, umformen, und so entsteht der Traum. [...]

Ziemlich übereinstimmend hat sich aber die Deutung verschiedener Traumformen gestaltet, die man als »typische« bezeichnet hat, weil sie bei so vielen Personen mit ganz ähnlichem Inhalt wiederkehren. Es sind dies die bekannten Träume vom Herabfallen von einer Höhe, vom Zahnausfallen, vom Fliegen und von der Verlegenheit, daß man nackt oder schlecht bekleidet ist. Letzterer Traum soll einfach von der im Schlaf gemachten Wahrnehmung herrühren, daß man die Bettdecke abgeworfen hat und nun entblößt daliegt. Der Traum vom Zahnausfallen wird auf »Zahnreiz« zurückgeführt, womit aber nicht ein krankhafter Erregungszustand der Zähne gemeint zu sein braucht. Der Traum zu fliegen ist nach Strümpell das von der Seele gebrauchte adäquate Bild, womit sie das von den auf- und niedersteigenden Lungenflügeln ausgehende Reizquantum deutet, wenn gleichzeitig das Hautgefühl des Thorax schon bis zur Bewußtlosigkeit herabgesunken ist. Durch den letzteren Umstand wird die an die Vorstellungsform des Schwebens gebundene Empfindung vermittelt. Das Herabfallen aus der Höhe soll darin seinen Anlaß haben, daß bei eingetretener Bewußtlosigkeit des Hautdruckgefühls entweder ein Arm vom Körper herabsinkt oder ein eingezogenes Knie plötzlich gestreckt wird, wodurch das Gefühl des Hautdrucks wieder bewußt wird, der Übergang zum Bewußtwerden aber als Traum vom Niederfallen sich psychisch verkörpert. [...]

AD 4) PSYCHISCHE REIZQUELLEN

Als wir die Beziehungen des Traums zum Wachleben und die Herkunft des Traummaterials behandelten, erfuhren wir, es sei die Ansicht der ältesten wie der neuesten Traumforscher, daß die Menschen von dem träumen, was sie bei Tag treiben und was sie im Wachen interessiert. Dieses aus dem Wachleben in den Schlaf sich fortsetzende Interesse wäre nicht nur ein psychisches Band, das den Traum ans Leben knüpft, sondern ergibt uns auch eine nicht zu unterschätzende Traumquelle, die neben dem im Schlaf interessant Gewordenen – den während des Schlafes einwirkenden Reizen – ausreichen sollte, die Herkunft aller Traumbilder aufzuklären. Wir haben aber auch den Widerspruch gegen obige Behauptung gehört, nämlich daß der Traum den Schläfer von den Interessen des Tages abzieht und daß wir – meistens – von den Dingen, die uns bei Tag am meisten ergriffen haben, erst dann träumen, wenn sie für das Wachleben den Reiz der Aktualität verloren haben. So erhalten wir in der Analyse des Traumlebens bei jedem Schritt den Eindruck, daß es unstatthaft ist, allgemeine Regeln aufzustellen, ohne durch ein »oft«, »in der Regel«, »meistens« Einschränkungen vorzusehen und auf die Gültigkeit der Ausnahmen vorzubereiten.

Wenn das Wachinteresse nebst den inneren und äußeren Schlafreizen zur Deckung der Traumätiologie ausreichte, so müßten wir imstande sein, von der Herkunft aller Elemente eines Traums befriedigende Rechenschaft zu geben; das Rätsel der Traumquellen wäre gelöst, und es bliebe noch die Aufgabe, den Anteil der psychischen und der somatischen Traumreize in den einzelnen Träumen abzugrenzen. In Wirklichkeit ist diese vollständige Auflösung eines Traums noch in keinem Falle gelungen, und jedem, der dies versucht hat, sind – meist sehr reichlich – Traumbestandteile übriggeblieben, über deren Herkunft er keine Aussage machen konnte. Das Tagesinteresse als psychische Traumquelle trägt offenbar nicht so weit, als man nach den zuversichtlichen Behauptungen, daß jeder im Traum sein Geschäft weiter betreibe, erwarten sollte. [...]

D
Warum man den Traum nach dem Erwachen vergisst?

Daß der Traum am Morgen »zerrinnt«, ist sprichwörtlich. Freilich ist er der Erinnerung fähig. Denn wir kennen den Traum ja nur aus der Erinnerung an ihn nach dem Erwachen; aber wir glauben sehr oft, daß wir ihn nur unvollständig erinnern, während in der Nacht mehr von ihm da war; wir können beobachten, wie eine des Morgens noch lebhafte Traumerinnerung im Laufe des Tages bis auf kleine Brocken dahinschwindet; wir wissen oft, daß wir geträumt haben, aber nicht, was wir geträumt haben, und wir sind an die Erfahrung, daß der Traum dem Vergessen unterworfen ist, so gewöhnt, daß wir die Möglichkeit nicht als absurd verwerfen, daß auch der bei Nacht geträumt haben könnte, der am Morgen weder vom Inhalt noch von der Tatsache des Träumens etwas weiß. Anderseits kommt es vor, daß Träume eine außerordentliche Haltbarkeit im Gedächtnisse zeigen. Ich habe bei meinen Patienten Träume analysiert, die sich ihnen vor fünfundzwanzig und mehr Jahren ereignet hatten, und kann mich an einen eigenen Traum erinnern, der durch mindestens siebenunddreißig Jahre vom heutigen Tag getrennt ist und doch an seiner Gedächtnisfrische nichts eingebüßt hat. Dies alles ist sehr merkwürdig und zunächst nicht verständlich. […]

Zunächst sind für das Vergessen der Träume alle jene Gründe wirksam, die im Wachleben das Vergessen herbeiführen. Wir pflegen als Wachende eine Unzahl von Empfindungen und Wahrnehmungen alsbald zu vergessen, weil sie zu schwach waren, weil die an sie geknüpfte Seelenerregung einen zu geringen Grad hatte. Dasselbe ist rücksichtlich vieler Traumbilder der Fall; sie werden vergessen, weil sie zu schwach waren, während stärkere Bilder aus ihrer Nähe erinnert werden. Übrigens ist das Moment der Intensität für sich allein sicher nicht entscheidend für die Erhaltung der Traumbilder […]. Ferner pflegt man im Wachen leicht zu vergessen, was sich nur einmal ereignet hat, und besser zu merken, was man wiederholt wahrnehmen konnte. Die meisten Traumbilder sind aber einmalige Erlebnisse; diese Eigentümlichkeit wird gleichmäßig zum Vergessen aller Träume beitragen. Weit bedeutsamer ist dann ein dritter Grund des Vergessens. Damit Empfindungen, Vorstellungen, Gedanken usw. eine gewisse Erinnerungsgröße erlangen, ist es notwendig, daß sie nicht vereinzelt bleiben, sondern Verbindungen und Vergesellschaftungen passender Art eingehen. Löst man einen kleinen Vers in seine Worte auf und schüttelt diese durcheinander, so wird es sehr schwer, ihn zu merken. Wohlgeordnet und in sachgemäßer Folge hilft ein Wort dem anderen, und das Ganze steht sinnvoll in der Erinnerung leicht und lange fest. Widersinniges behalten wir im allgemeinen ebenso schwer und ebenso selten wie das Verworrene und Ordnungslose. Nun fehlt den Träumen in den meisten Fällen Verständlichkeit und Ordnung. Die Traumkompositionen entbehren an sich der Möglichkeit ihres eigenen Gedächtnisses und werden vergessen, weil sie meistens schon in den nächsten Zeitmomenten auseinanderfallen. […]

[…] Die Vergeßlichkeit der Träume für das wache Bewußtsein ist augenscheinlich nur das Gegenstück zu der früher erwähnten Tatsache, daß der Traum (fast) nie geordnete Erinnerungen aus dem Wachleben, sondern nur Einzelheiten aus demselben übernimmt, die er aus ihren gewohnten psychischen Verbindungen reißt, in denen sie im Wachen erinnert werden. Die Traumkomposition hat somit keinen Platz in der Gesellschaft der psychischen Reihen, mit denen die Seele erfüllt ist. Es fehlen ihr alle Erinnerungshilfen. […] Nach derselben Richtung wirkt der Umstand, daß mit dem Erwachen sofort die herandrängende Sinneswelt die Aufmerksamkeit mit Beschlag belegt, so daß vor dieser Macht die wenigsten Traumbilder standhalten können. Diese weichen vor den Eindrücken des jungen Tages wie der Glanz der Gestirne vor dem Licht der Sonne.

An letzter Stelle ist als förderlich für das Vergessen der Träume der Tatsache zu gedenken, daß die meisten Menschen ihren Träumen überhaupt wenig Interesse entgegenbringen. Wer sich z. B. als Forscher eine Zeitlang für den Traum interessiert, träumt währenddessen auch mehr als sonst, das heißt wohl: er erinnert seine Träume leichter und häufiger. […]

Da wir nun eine andere als eine objektive Kontrolle für die Treue unserer Erinnerung nicht besitzen, diese aber beim Traum, der unser eigenes Erlebnis ist und für den wir nur die Erinnerung als Quelle kennen, nicht möglich ist, welcher Wert bleibt da unserer Erinnerung an den Traum noch übrig?

Der Witz und seine Beziehung zum Unbewussten

1905

Die Motive des Witzes:
Der Witz als sozialer Vorgang

Von Motiven des Witzes zu reden schiene überflüssig, da die Absicht, Lust zu gewinnen, als genügendes Motiv der Witzarbeit anerkannt werden muß. Es ist aber einerseits nicht ausgeschlossen, daß nicht noch andere Motive sich an der Produktion des Witzes beteiligen, und andererseits muß mit Hinblick auf gewisse bekannte Erfahrungen das Thema der subjektiven Bedingtheit des Witzes überhaupt aufgestellt werden. Zwei Tatsachen fordern vor allem dazu auf. Obwohl die Witzarbeit ein vortrefflicher Weg ist, um aus den psychischen Vorgängen Lust zu gewinnen, so sieht man doch, daß nicht alle Menschen in gleicher Weise fähig sind, sich dieses Mittels zu bedienen. Die Witzarbeit steht nicht allen zu Gebote, und in ausgiebigem Maße überhaupt nur wenigen Personen, von denen man in auszeichnender Weise aussagt, sie haben Witz. »Witz« erscheint hier als eine besondere Fähigkeit etwa im Range der alten »Seelenvermögen«, und diese erweist sich in ihrem Auftreten als ziemlich unabhängig von den anderen: Intelligenz, Phantasie, Gedächtnis usw. Bei den witzigen Köpfen sind also besondere Anlagen oder psychische Bedingungen vorauszusetzen, welche die Witzarbeit gestatten oder begünstigen. [...]

[...] Die größte Mehrzahl der Witze, besonders der immer neu bei den Anlässen des Tages produzierten, ist anonym in Umlauf; man könnte neugierig fragen, was für Leute es sind, auf die solche Produktion sich zurückführt. Hat man als Arzt die Gelegenheit, eine der Personen kennenzulernen, die, obwohl sonst nicht hervorragend, doch in ihrem Kreise als Witzbolde und Urheber vieler gangbarer Witze bekannt sind, so kann man von der Entdeckung überrascht werden, daß dieser witzige Kopf eine zwiespältige und zu nervösen Erkrankungen disponierte Persönlichkeit ist. Die Unzulänglichkeit der Dokumente wird uns aber sicherlich abhalten, eine solche psychoneurotische Konstitution als regelmäßige oder notwendige subjektive Bedingung der Witzbildung aufzustellen.

Einen durchsichtigeren Fall ergeben wiederum die Judenwitze, die, wie schon erwähnt, durchweg von Juden selbst gemacht worden sind, während die Judengeschichten anderer Herkunft sich fast nie über das Niveau des komischen Schwankes oder der brutalen Verhöhnung erheben. [...]

Andere subjektive Bedingungen oder Begünstigungen der Witzarbeit sind weniger in Dunkel gehüllt. Die Triebfeder der Produktion harmloser Witze ist nicht selten der ehrgeizige Drang, seinen Geist zu zeigen, sich darzustellen, ein der Exhibition auf sexuellem Gebiete gleichzusetzender Trieb. Das Vorhandensein zahlreicher gehemmter Triebe, deren Unterdrückung einen gewissen Grad von Labilität bewahrt hat, wird für die Produktion des tendenziösen Witzes die günstigste Disposition ergeben. So können insbesondere einzelne Komponenten der sexuellen Konstitution eines Menschen als Motive der Witzbildung auftreten. Eine ganze Reihe von obszönen Witzen läßt den Schluß auf eine versteckte Exhibitionsneigung ihrer Urheber zu; die tendenziösen Witze der Aggression gelingen denen am besten, in deren Sexualität eine mächtige sadistische Komponente, im Leben mehr oder weniger gehemmt, nachweisbar ist.

Die zweite Tatsache, die zur Untersuchung der subjektiven Bedingtheit des Witzes auffordert, ist die allgemein bekannte Erfahrung, daß niemand sich begnügen kann, einen Witz für sich allein gemacht zu haben. Mit der Witzarbeit ist der Drang zur Mitteilung des Witzes unabtrennbar verbunden; ja dieser

Drang ist so stark, daß er sich oft genug mit Hinwegsetzung über wichtige Bedenken verwirklicht. Auch beim Komischen gewährt die Mitteilung an eine andere Person Genuß; aber sie ist nicht gebieterisch, man kann das Komische, wo man darauf stößt, allein genießen. Den Witz hingegen ist man mitzuteilen genötigt; der psychische Vorgang der Witzbildung scheint mit dem Einfallen des Witzes nicht abgeschlossen, es bleibt etwas übrig, das durch die Mitteilung des Einfalls den unbekannten Vorgang der Witzbildung zum Abschlusse bringen will.

Wir können zunächst nicht erraten, wodurch der Trieb zur Mitteilung des Witzes begründet sein mag. Aber wir bemerken am Witz eine andere Eigentümlichkeit, die ihn wiederum vom Komischen unterscheidet. Wenn mir das Komische begegnet, so kann ich selbst herzlich darüber lachen; es freut mich allerdings auch, wenn ich durch die Mitteilung desselben einen anderen zum Lachen bringe. Über den Witz, der mir eingefallen ist, den ich gemacht habe, kann ich nicht selbst lachen, trotz des unverkennbaren Wohlgefallens, das ich am Witz empfinde. Es ist möglich, daß mein Bedürfnis nach Mitteilung des Witzes an einen anderen mit diesem mir selbst versagten, beim anderen aber manifesten Lacheffekt des Witzes irgendwie zusammenhängt. [...]

[...] Beim Komischen kommen im allgemeinen zwei Personen in Betracht, außer meinem Ich die Person, an der ich das Komische finde; wenn mir Gegenstände komisch erscheinen, geschieht dies durch eine in unserem Vorstellungsleben nicht seltene Art von Personifizierung. Mit diesen beiden Personen, dem Ich und der Objektperson, begnügt sich der komische Vorgang; eine dritte Person kann hinzukommen, wird aber nicht erfordert. Der Witz als ein Spiel mit den eigenen Worten und Gedanken entbehrt zunächst einer Objektperson, aber schon auf der Vorstufe des Scherzes verlangt er, wenn es ihm gelungen ist, Spiel und Unsinn gegen die Einrede der Vernunft sicherzustellen, nach einer anderen Person, welcher er sein Ergebnis mitteilen kann. Diese zweite Person beim Witze entspricht aber nicht der Objektperson, sondern der dritten Person, dem anderen bei der Komik. Es scheint, daß beim Scherz der anderen Person die Entscheidung übertragen wird, ob die Witzarbeit ihre Aufgabe erfüllt hat, als ob das Ich sich seines Urteils darüber nicht sicher wüßte. Auch der harmlose, den Gedanken verstärkende Witz bedarf des anderen, um zu erproben, ob er seine Absicht erreicht hat. Begibt sich der Witz in den Dienst entblößender oder feindseliger Tendenzen, so kann er als psychischer Vorgang zwischen drei Personen beschrieben werden, welche die nämlichen sind wie bei der Komik, aber die Rolle der dritten Person ist eine andere dabei; der psychische Vorgang des Witzes vollendet sich zwischen der ersten, dem Ich, und der dritten, der fremden Person, nicht wie beim Komischen zwischen dem Ich und der Objektperson. […]

Wen eine an ernste Gedanken geknüpfte Stimmung beherrscht, der ist ungeeignet, dem Scherz zu bestätigen, daß es ihm geglückt ist, die Wortlust zu retten. Er muß selbst in heiterer oder wenigstens in indifferenter Stimmungslage sein, um für den Scherz die dritte Person abzugeben. Dasselbe Hindernis setzt sich für den harmlosen und für den tendenziösen Witz fort; bei letzterem tritt aber als neues Hindernis der Gegensatz zur Tendenz auf, welcher der Witz dienen will. Die Bereitschaft, über einen ausgezeichneten obszönen Witz zu lachen, kann sich nicht einstellen, wenn die Entblößung eine hochgehaltene Angehörige der dritten Person betrifft […]. […]

[…] Wir sehen aber, daß der Hörer seine Lust durch explosives Lachen bezeugt, nachdem die erste Person den Witz meist mit ernsthaft gespannter Miene vorgebracht hat. Wenn ich einen Witz weitererzähle, den ich selbst gehört habe, muß ich, um seine Wirkung nicht zu verderben, mich bei der Erzählung genauso benehmen wie jener, der ihn gemacht hat. Es ist nun die Frage, ob wir aus dieser Bedingtheit des Lachens über den Witz Rückschlüsse auf den psychischen Vorgang bei der Witzbildung ziehen können. [...]

[...] Wir würden sagen, das Lachen entstehe, wenn ein früher zur Besetzung gewisser psychischer Wege verwendeter Betrag von psychischer Energie unverwendbar geworden ist, so daß er freie Abfuhr erfahren kann. [...]

Beim Lachen sind also nach unserer Annahme die Bedingungen dafür gegeben, daß eine bisher zur Besetzung verwendete Summe psychischer Energie der freien Abfuhr unterliege, und da zwar nicht jedes Lachen, aber doch gewiß das Lachen über den Witz ein Anzeichen von Lust ist, werden wir geneigt sein, diese Lust auf die Aufhebung der bisherigen Besetzung zu beziehen. Wenn wir sehen, daß der Hörer des Witzes lacht, der Schöpfer desselben nicht lachen kann, darf uns dies soviel besagen als, daß beim Hörer ein Besetzungsaufwand aufgehoben und abgeführt wird, während sich bei der Witzbildung entweder in der Aufhebung oder in der Abfuhrmöglichkeit Hemmnisse ergeben. Den psychischen Vorgang beim Hörer, bei der dritten Person des Witzes, kann man kaum treffender charakterisieren, als wenn man hervorhebt, daß er die Lust des Witzes mit sehr geringem eigenem Aufwand erkauft. Sie wird ihm sozusagen geschenkt. Die Worte des Witzes, die er hört, lassen in ihm notwendig jene Vorstellung oder Gedankenverbindung entstehen, deren Bildung auch bei ihm so große innere Hindernisse entgegenstanden. Er hätte eigene Bemühung anwenden müssen, um sie spontan als erste Person zustande zu bringen, mindestens so viel psychischen Aufwand daransetzen müssen, als der Stärke der Hemmung, Unterdrückung oder Verdrängung derselben entspricht. Diesen psychischen Aufwand hat er sich erspart; nach unseren früheren Erörterungen würden wir sagen, seine Lust entspreche dieser Ersparung. Nach unserer

Einsicht in den Mechanismus des Lachens werden wir vielmehr sagen, die zur Hemmung verwendete Besetzungsenergie sei nun durch die Herstellung der verpönten Vorstellung auf dem Wege der Gehörswahrnehmung plötzlich überflüssig geworden, aufgehoben und darum zur Abfuhr durch das Lachen bereit. Im wesentlichen laufen beide Darstellungen auf das gleiche hinaus, denn der ersparte Aufwand entspricht genau der überflüssig gewordenen Hemmung. Anschaulicher ist aber die letztere Darstellung, denn sie gestattet uns zu sagen, der Hörer des Witzes lache mit dem Betrag von psychischer Energie, der durch die Aufhebung der Hemmungsbesetzung frei geworden ist; er lache diesen Betrag gleichsam ab.

Wenn die Person, bei der der Witz sich bildet, nicht lachen kann, so deute dies, sagten wir eben, auf eine Abweichung vom Vorgang bei der dritten Person, der entweder die Aufhebung der Hemmungsbesetzung oder die Abfuhrmöglichkeit derselben betrifft. Aber der erstere der beiden Fälle ist unzutreffend, wie wir sofort einsehen müssen. Die Hemmungsbesetzung muß auch bei der ersten Person aufgehoben worden sein, sonst wäre kein Witz geworden, dessen Bildung ja einen solchen Widerstand zu überwinden hatte. Auch wäre es unmöglich, daß die erste Person die Witzeslust empfände, die wir ja von der Aufhebung der Hemmung ableiten mußten. Es erübrigt also nur der andere Fall, daß die erste Person nicht lachen kann, obwohl sie Lust empfindet, weil die Abfuhrmöglichkeit gestört ist. Eine solche Störung in der Ermöglichung der Abfuhr, welche fürs Lachen Bedingung ist, kann sich daraus ergeben, daß die frei gewordene Besetzungsenergie sofort einer anderen endopsychischen Verwendung zugeführt wird. Es ist gut, daß wir auf diese Möglichkeit aufmerksam geworden sind; wir werden ihr alsbald weiteres Interesse zuwenden. Bei der ersten Person des Witzes kann aber eine andere Bedingung, die zum gleichen Ergebnis führt, verwirklicht sein. Es ist vielleicht überhaupt kein äußerungsfähiger Betrag von Energie frei geworden, trotz der erfolgten Aufhebung der Hemmungsbesetzung. Bei der ersten Person des Witzes geht ja die Witzarbeit vor sich, die einem gewissen Betrag von neuem psychischem Aufwand entsprechen muß. Die erste Person bringt also die Kraft selbst auf, welche die Hemmung aufhebt; daraus resultiert für sie sicherlich ein Lustgewinn, im Falle des tendenziösen Witzes sogar ein sehr erheblicher, da die durch die Witzarbeit gewonnene Vorlust selbst die weitere Hemmungsaufhebung übernimmt, aber der Aufwand der Witzarbeit zieht sich in jedem Falle von dem Gewinn bei der Aufhebung der Hemmung ab, der nämliche Aufwand, welcher beim Hörer des Witzes entfällt. Zur Unterstützung des Obenstehenden kann man noch anführen, daß der Witz auch bei der dritten Person seinen Lacheffekt einbüßt, sobald derselben ein Aufwand von Denkarbeit zugemutet wird. Die Anspielungen des Witzes müssen augenfällige sein, die Auslassungen sich leicht ergänzen; mit der Erweckung des bewußten Denkinteresses ist in der Regel die Wirkung des Witzes unmöglich gemacht. Hierin liegt ein wichtiger Unterschied von Witz und Rätsel. Vielleicht, daß die psychische Konstellation während der Witzarbeit der freien Abfuhr des Gewonnenen überhaupt nicht günstig ist. Wir sind hier wohl nicht in der Lage, tiefere Einsicht zu gewinnen; wir haben den einen Teil unseres Problems, warum die dritte Person lacht, besser aufklären können als dessen anderen Teil, warum die erste Person nicht lacht.

Immerhin sind wir nun, wenn wir diese Anschauungen über die Bedingungen des Lachens und über den psychischen Vorgang bei der dritten Person festhalten, in die Lage versetzt, uns eine ganze Reihe von Eigentümlichkeiten, die vom Witze bekannt, aber nicht verstanden worden sind, befriedigend aufzuklären. Wenn bei der dritten Person ein der Abfuhr fähiger Betrag von Besetzungsenergie frei gemacht werden soll, so sind mehrere Bedingungen zu erfüllen oder als Begünstigungen erwünscht. 1) Es muß gesichert sein, daß die dritte Person diesen Besetzungsaufwand wirklich macht. 2) Es muß verhütet werden, daß derselbe, wenn frei geworden, eine andere psychische Verwendung finde, anstatt sich zur motorischen Abfuhr zu bieten. 3) Es kann nur von Vorteil sein, wenn die frei zu machende Besetzung bei der dritten Person zuvor noch verstärkt, in die Höhe getrieben wird. Allen diesen Absichten dienen gewisse Mittel der Witzarbeit, die wir etwa als sekundäre oder Hilfstechniken zusammenfassen können.

Die erste dieser Bedingungen legt eine der Eignungen der dritten Person als Hörer des Witzes fest. Sie muß durchaus so viel psychische Übereinstimmung mit der ersten Person besitzen, daß sie über die nämlichen inneren Hemmungen verfügt, welche die Witzarbeit bei der ersten überwunden hat. Wer auf Zoten eingestellt ist, der wird von geistreichen entblößenden Witzen keine Lust ableiten können; die Aggressionen des Herrn N. werden bei Ungebildeten, die gewohnt sind, ihrer Schimpflust freien Lauf zu lassen, kein Verständnis finden. Jeder Witz verlangt so sein eigenes Publikum, und über die gleichen Witze zu lachen ist ein Beweis weitgehender psychischer Übereinstimmung. […]

Die zweite Bedingung für die Herstellung der freien Abfuhr, daß eine andersartige Verwendung der frei gewordenen Energie hintangehalten werde, erscheint als die weitaus wichtigere. Sie gibt die theoretische Aufklärung für die Unsicherheit der Witzwirkung, wenn bei dem Hörer durch den im Witze ausgedrückten Gedanken stark erregende Vorstellungen wachgerufen werden, wobei es dann von der Übereinstimmung oder dem Widerspruch zwischen den Tendenzen des Witzes und der den Hörer beherrschenden Gedankenreihe abhängt, ob dem Witzvorgang die Aufmerksamkeit belassen oder entzogen wird. […]

Es scheint überhaupt nicht leicht zu sein, die endopsychische Verwendung entbehrlich gewordener Besetzungen zu vermeiden, denn wir sind ja bei unseren Denkvorgängen beständig in der Übung, solche Besetzungen von einem Weg auf den anderen zu verschieben, ohne von deren Energie etwas durch Abfuhr zu verlieren. Der Witz bedient sich hiezu folgender Mittel. Erstens strebt er einen möglichst kurzen Ausdruck an, um der Aufmerksamkeit weniger Angriffspunkte zu bieten. Zweitens hält er die Bedingung der leichten Verständlichkeit ein; sowie er Denkarbeit in Anspruch nehmen, eine Auswahl unter verschiedenen Gedankenwegen erfordern würde, müßte er die Wirkung nicht nur durch den unvermeidlichen Denkaufwand, sondern auch durch die Erweckung der Aufmerksamkeit gefährden. Außerdem aber bedient er sich des Kunstgriffs, die Aufmerksamkeit abzulenken, indem er ihr im Ausdruck des Witzes etwas darbietet, was sie fesselt, so daß sich unterdes die Befreiung der Hemmungsbesetzung und deren Abfuhr ungestört durch sie vollziehen kann. Bereits die Auslassungen im Wortlaut des Witzes erfüllen diese Absicht; sie regen zur Ausfüllung der Lücken an und bringen es auf diese Weise zustande, den Witzvorgang von der Aufmerksamkeit zu befreien. Hier wird gleichsam die Technik des Rätsels, welches die Aufmerksamkeit anzieht, in den Dienst der Witzarbeit gestellt. Noch viel wirksamer sind die Fassadenbildungen, die wir zumal bei manchen Gruppen von tendenziösen Witzen gefunden haben. Die syllogistischen Fassaden erfüllen den Zweck, die Aufmerksamkeit durch eine ihr gestellte Aufgabe festzuhalten, in ausgezeichneter Weise. Während wir nachzudenken beginnen, worin wohl diese Antwort gefehlt haben mag, lachen wir bereits; unsere Aufmerksamkeit ist überrumpelt worden, die Abfuhr der frei gewordenen Hemmungsbesetzung ist vollzogen. Das nämliche gilt für die Witze mit komischer Fassade, bei denen die Komik der Witztechnik Hilfsdienste leistet. Eine komische Fassade fördert die Wirkung des Witzes auf mehr als eine Weise, sie ermöglicht nicht nur den Automatismus des Witzvorganges durch die Fesselung der Aufmerksamkeit, sondern erleichtert auch die Abfuhr vom Witz her, indem sie eine Abfuhr vom Komischen her vorausschickt. Die Komik wirkt hier ganz wie eine bestechende Vorlust, und so mögen wir es verstehen, daß manche Witze auf die durch die sonstigen Mittel des Witzes hergestellte Vorlust ganz zu verzichten vermögen und sich nur des Komischen als Vorlust bedienen. Unter den eigentlichen Techniken des Witzes sind es insbesondere die Verschiebung und die Darstellung durch Absurdes, welche außer ihrer sonstigen Eignung auch die für den automatischen Ablauf des Witzvorganges wünschenswerte Ablenkung der Aufmerksamkeit entfalten.

Wir ahnen bereits und werden es späterhin noch besser einsehen können, daß wir mit der Bedingung der Ablenkung der Aufmerksamkeit keinen unwesentlichen Zug des psychischen Vorganges beim Hörer des Witzes aufgedeckt haben. Im Zusammenhange mit diesem können wir noch anderes verstehen. Erstens, wie es kommt, daß wir beim Witz fast niemals wissen, worüber wir lachen, obwohl wir es durch eine analytische Untersuchung feststellen können. Dieses Lachen ist eben das Ergebnis eines automatischen Vorganges, der erst durch die Fernhaltung unserer bewußten Aufmerksamkeit ermöglicht wurde. Zweitens gewinnen wir das Verständnis für die Eigentümlichkeit des Witzes, seine volle Wirkung auf den Hörer nur zu äußern, wenn er ihm neu ist, ihm als Überraschung entgegentritt. Diese Eigenschaft des Witzes, die seine Kurzlebigkeit bedingt und zur Produktion immer neuer Witze auffordert, leitet sich offenbar davon ab, daß es im Wesen einer Überraschung oder Überrumpelung liegt, kein zweites Mal zu gelingen. Bei einer Wiederholung des Witzes wird die Aufmerksamkeit durch die aufsteigende Erinnerung an das erste Mal geleitet. Von hier aus eröffnet sich dann das Verständnis für den Drang, den gehörten

Witz anderen, die ihn noch nicht kennen, zu erzählen. Wahrscheinlich holt man sich ein Stück der infolge mangelnder Neuheit entfallenden Genußmöglichkeit aus dem Eindruck wieder, den der Witz auf den Neuling macht. Und ein analoges Motiv mag den Schöpfer des Witzes getrieben haben, ihn überhaupt dem anderen mitzuteilen. […]

Es leuchtet uns nun ein, daß die Technik des Witzes überhaupt von zweierlei Tendenzen bestimmt wird, solchen, welche die Bildung des Witzes bei der ersten Person ermöglichen, und anderen, welche dem Witz eine möglichst große Lustwirkung bei der dritten Person gewährleisten sollen. Die janusartige Doppelgesichtigkeit des Witzes, welche dessen ursprünglichen Lustgewinn gegen die Anfechtung der kritischen Vernünftigkeit sicherstellt, und der Vorlustmechanismus gehören der ersteren Tendenz an; die weitere Komplikation der Technik durch die in diesem Abschnitt ausgeführten Bedingungen ergibt sich aus der Rücksicht auf die dritte Person des Witzes. Der Witz ist so ein an sich doppelzüngiger Schelm, der gleichzeitig zweien Herren dient. Alles, was auf Lustgewinnung abzielt, ist beim Witz auf die dritte Person berechnet, als ob innere, nicht zu überwindende Hindernisse bei der ersten Person einer solchen im Wege stünden. Man bekommt so den vollen Eindruck von der Unentbehrlichkeit dieser dritten Person für die Vollendung des Witzvorganges. Während wir aber ziemlich guten Einblick in die Natur dieses Vorganges bei der dritten Person gewinnen konnten, verspüren wir, daß der entsprechende Vorgang bei der ersten Person uns noch durch ein Dunkel verhüllt wird. Von den beiden Fragen: Warum können wir über den selbstgemachten Witz nicht lachen? und: Warum sind wir getrieben, den eigenen Witz dem anderen zu erzählen? hat sich die erste bisher unserer Beantwortung entzogen. Wir können nur vermuten, daß zwischen den beiden aufzuklärenden Tatsachen ein inniger Zusammenhang besteht, daß wir *darum* genötigt sind, unseren Witz dem anderen mitzuteilen, *weil* wir selbst über ihn nicht zu lachen vermögen. Aus unseren Einsichten in die Bedingungen der Lustgewinnung und -abfuhr bei der dritten Person können wir für die erste den Rückschluß ziehen, daß bei ihr die Bedingungen für die Abfuhr fehlen, die für die Lustgewinnung etwa erst unvollständig erfüllt sind. Es ist dann nicht abzuweisen, daß wir unsere Lust ergänzen, indem wir das uns unmögliche Lachen auf dem Umweg über den Eindruck der zum Lachen gebrachten Person erreichen. Wir lachen so gleichsam »*par ricochet*«, wie [Ludovic] Dugas es ausdrückt. Das Lachen gehört zu den im hohen Grade ansteckenden Äußerungen psychischer Zustände; wenn ich den anderen durch die Mitteilung meines Witzes zum Lachen bringe, bediene ich mich seiner eigentlich, um mein eigenes Lachen zu erwecken, und man kann wirklich beobachten, daß, wer zuerst mit ernster Miene den Witz erzählt hat, dann in das Gelächter des anderen mit einer gemäßigten Lache einstimmt. Die Mitteilung meines Witzes an den anderen dürfte also mehreren Absichten dienen, erstens mir die objektive Gewißheit von dem Gelingen der Witzarbeit zu geben, zweitens meine eigene Lust durch die Rückwirkung von diesem anderen auf mich zu ergänzen, drittens – bei der Wiederholung eines nicht selbstproduzierten Witzes – der Lusteinbuße durch Wegfall der Neuheit abzuhelfen. […]

Eine lokalisierte Ersparung, wie die eben betrachtete, wird nicht verfehlen, uns momentane Lust zu bereiten, aber eine dauernde Erleichterung wird durch sie nicht herbeigeführt, solange das hier Ersparte an anderer Stelle zur Verwendung kommen kann. Erst wenn diese anderweitige Verfügung vermieden werden kann, wandelt sich die spezielle Ersparung wieder in eine allgemeine Erleichterung des psychischen Aufwandes um. So tritt für uns mit besserer Einsicht in die psychischen Vorgänge des Witzes das Moment der Erleichterung an die Stelle der Ersparung. Erstere ergibt offenbar das größere Lustgefühl. Der Vorgang bei der ersten Person des Witzes erzeugt Lust durch Aufhebung von Hemmung, Verringerung des lokalen Aufwandes; er scheint nun nicht eher zur Ruhe zu kommen, als bis er durch die Vermittlung der eingeschobenen dritten Person die allgemeine Erleichterung durch die Abfuhr erzielt hat.

Drei Abhandlungen zur Sexualtheorie

1905

Die sexuellen Abirrungen

Die Tatsache geschlechtlicher Bedürfnisse bei Mensch und Tier drückt man in der Biologie durch die Annahme eines »Geschlechtstriebes« aus. Man folgt dabei der Analogie mit dem Trieb nach Nahrungsaufnahme, dem Hunger. Eine dem Worte »Hunger« entsprechende Bezeichnung fehlt der Volkssprache; die Wissenschaft gebraucht als solche »*Libido*«. [...]

Führen wir zwei Termini ein: heißen wir die Person, von welcher die geschlechtliche Anziehung ausgeht, das *Sexualobjekt*, die Handlung, nach welcher der Trieb drängt, das *Sexualziel*, so weist uns die wissenschaftlich gesichtete Erfahrung zahlreiche Abweichungen in bezug auf beide, Sexualobjekt und Sexualziel, nach, deren Verhältnis zur angenommenen Norm eingehende Untersuchung fordert.

1. Abweichungen in Bezug auf das Sexualobjekt

Der populären Theorie des Geschlechtstriebes entspricht am schönsten die poetische Fabel von der Teilung des Menschen in zwei Hälften – Mann und Weib –, die sich in der Liebe wieder zu vereinigen streben. Es wirkt darum wie eine große Überraschung zu hören, daß es Männer gibt, für die nicht das Weib, sondern der Mann, Weiber, für die nicht der Mann, sondern das Weib das Sexualobjekt darstellt. Man heißt solche Personen Konträrsexuale oder besser Invertierte, die Tatsache die der *Inversion*. Die Zahl solcher Personen ist sehr erheblich, wiewohl deren sichere Ermittlung Schwierigkeiten unterliegt.

A. Die Inversion

Verhalten der Invertierten

Die betreffenden Personen verhalten sich nach verschiedenen Richtungen ganz verschieden.

(a) Sie sind *absolut* invertiert, das heißt, ihr Sexualobjekt kann nur gleichgeschlechtlich sein, während das gegensätzliche Geschlecht für sie niemals Gegenstand der geschlechtlichen Sehnsucht ist, sondern sie kühl läßt oder selbst sexuelle Abneigung bei ihnen hervorruft. Als Männer sind sie dann durch Abneigung unfähig, den normalen Geschlechtsakt auszuführen, oder vermissen bei dessen Ausführung jeden Genuß.

(b) Sie sind *amphigen invertiert* (psychosexuell-hermaphroditisch), das heißt, ihr Sexualobjekt kann ebensowohl dem gleichen wie dem anderen Geschlecht angehören; der Inversion fehlt also der Charakter der Ausschließlichkeit.

(c) Sie sind *okkasionell* invertiert, das heißt, unter gewissen äußeren Bedingungen, von denen die Unzugänglichkeit des normalen Sexualobjektes und die Nachahmung obenan stehen, können sie eine Person des gleichen Geschlechtes zum Sexualobjekt nehmen und im Sexualakt mit ihr Befriedigung empfinden.

Die Invertierten zeigen ferner ein mannigfaltiges Verhalten in ihrem Urteil über die Besonderheit ihres Geschlechtstriebes. Die einen nehmen die Inversion als selbstverständlich hin wie der Normale die Richtung seiner Libido und vertreten mit Schärfe deren Gleichberechtigung mit der normalen. Andere aber lehnen sich gegen die Tatsache ihrer Inversion auf und empfinden dieselbe als krankhaften Zwang. […]

Diese verschiedenen Reihen von Variationen bestehen im allgemeinen unabhängig nebeneinander. Von der extremsten Form kann man etwa regelmäßig annehmen, daß die Inversion seit sehr früher Zeit bestanden hat und daß die Person sich mit ihrer Eigentümlichkeit einig fühlt. […]

Auffassung der Inversion

Die erste Würdigung der Inversion bestand in der Auffassung, sie sei ein angeborenes Zeichen nervöser Degeneration, und war im Einklange mit der Tatsache, daß die ärztlichen Beobachter zuerst bei Nervenkranken oder Personen, die solchen Eindruck machten, auf sie gestoßen waren. In dieser Charakteristik sind zwei Angaben enthalten, die unabhängig voneinander beurteilt werden sollen: das Angeborensein und die Degeneration.

Degeneration

Die Degeneration unterliegt den Einwänden, die sich gegen die wahllose Verwendung des Wortes überhaupt erheben. Es ist doch Sitte geworden, jede Art von Krankheitsäußerung, die nicht gerade traumatischen oder infektiösen Ursprunges ist, der Degeneration zuzurechnen. [...]

Angeborensein

Das Angeborensein ist, wie begreiflich, nur für die erste, extremste Klasse der Invertierten behauptet worden, und zwar auf Grund der Versicherung dieser Personen, daß sich bei ihnen zu keiner Zeit des Lebens eine andere Richtung des Sexualtriebes gezeigt habe. Schon das Vorkommen der beiden anderen Klassen, speziell der dritten (der »okkasionell« Invertierten), ist schwer mit der Auffassung eines angeborenen Charakters zu vereinen. Daher die Neigung der Vertreter dieser Ansicht, die Gruppe der absolut Invertierten von allen anderen abzulösen, was den Verzicht auf eine allgemein gültige Auffassung der Inversion zur Folge hat. Die Inversion wäre demnach in einer Reihe von Fällen ein angeborener Charakter; in anderen könnte sie auf andere Art entstanden sein.

Den Gegensatz zu dieser Auffassung bildet die andere, daß die Inversion ein *erworbener* Charakter des Geschlechtstriebes sei. [...]

Der scheinbar so gewonnenen Sicherheit macht aber die Gegenbemerkung ein Ende, daß nachweisbar viele Personen die nämlichen sexuellen Beeinflussungen (auch in früher Jugend: Verführung, mutuelle Onanie) erfahren, ohne durch sie invertiert zu werden oder dauernd so zu bleiben. So wird man zur Vermutung gedrängt, daß die Alternative angeboren-erworben entweder unvollständig ist oder die bei der Inversion vorliegenden Verhältnisse nicht deckt. [...]

Heranziehung der Bisexualität

[...] Dieser gilt ein Mensch entweder als Mann oder als Weib. Die Wissenschaft kennt aber Fälle, in denen die Geschlechtscharaktere verwischt erscheinen und somit die Geschlechtsbestimmung erschwert wird; zunächst auf anatomischem Gebiet. Die Genitalien dieser Personen vereinigen männliche und weibliche Charaktere (Hermaphroditismus). In seltenen Fällen sind nebeneinander beiderlei Geschlechtsapparate ausgebildet (wahrer Hermaphroditismus); zu allermeist findet man beiderseitige Verkümmerung.

Das Bedeutsame an diesen Abnormitäten ist aber, daß sie in unerwarteter Weise das Verständnis der normalen Bildung erleichtern. Ein gewisser Grad von anatomischem Hermaphroditismus gehört nämlich der Norm an; bei keinem normal gebildeten männlichen oder weiblichen Individuum werden die Spuren vom Apparat des anderen Geschlechtes vermißt, die entweder funktionslos als rudimentäre Organe fortbestehen oder selbst zur Übernahme anderer Funktionen umgebildet worden sind.

Die Auffassung, die sich aus diesen lange bekannten anatomischen Tatsachen ergibt, ist die einer ursprünglich bisexuellen

Veranlagung, die sich im Laufe der Entwicklung bis zur Monosexualität mit geringen Resten des verkümmerten Geschlechtes verändert.

Es lag nahe, diese Auffassung aufs psychische Gebiet zu übertragen und die Inversion in ihren Abarten als Ausdruck eines psychischen Hermaphroditismus zu verstehen. Um die Frage zu entscheiden, bedurfte es nur noch eines regelmäßigen Zusammentreffens der Inversion mit den seelischen und somatischen Zeichen des Hermaphroditismus.

Allein diese nächste Erwartung schlägt fehl. So nahe darf man sich die Beziehungen zwischen dem angenommenen psychischen und dem nachweisbaren anatomischen Zwittertum nicht vorstellen. Was man bei den Invertierten findet, ist häufig eine Herabsetzung des Geschlechtstriebes überhaupt und leichte anatomische Verkümmerung der Organe. Häufig, aber keineswegs regelmäßig oder auch nur überwiegend. Somit muß man erkennen, daß Inversion und somatischer Hermaphroditismus im ganzen unabhängig voneinander sind. [...]

Der psychische Hermaphroditismus würde an Leibhaftigkeit gewinnen, wenn mit der Inversion des Sexualobjektes wenigstens ein Umschlag der sonstigen seelischen Eigenschaften, Triebe und Charakterzüge in die fürs andere Geschlecht bezeichnende Abänderung parallel liefe. Allein eine solche Charakterinversion darf man mit einiger Regelmäßigkeit nur bei den invertierten Frauen erwarten, bei den Männern ist die vollste seelische Männlichkeit mit der Inversion vereinbar. Hält man an der Aufstellung eines seelischen Hermaphroditismus fest, so muß man hinzufügen, daß dessen Äußerungen auf verschiedenen Gebieten eine nur geringe gegenseitige Bedingtheit erkennen lassen. [...]

Sexualobjekt der Invertierten

Die Theorie des psychischen Hermaphroditismus setzt voraus, daß das Sexualobjekt des Invertierten das dem normalen entgegengesetzte sei. Der invertierte Mann unterliege wie das Weib dem Zauber, der von den männlichen Eigenschaften des Körpers und der Seele ausgeht, er fühle sich selbst als Weib und suche den Mann.

Aber wiewohl dies für eine ganze Reihe von Invertierten zutrifft, so ist es doch weit entfernt, einen allgemeinen Charakter der Inversion zu verraten. Es ist kein Zweifel, daß ein großer Teil der männlichen Invertierten den psychischen Charakter der Männlichkeit bewahrt hat, verhältnismäßig wenig sekundäre Charaktere des anderen Geschlechtes an sich trägt und in seinem Sexualobjekt eigentlich weibliche psychische Züge sucht. Wäre dies anders, so bliebe es unverständlich, wozu die männliche Prostitution, die sich den Invertierten anbietet – heute wie im Altertum –, in allen Äußerlichkeiten der Kleidung und Haltung die Weiber kopiert; diese Nachahmung müßte ja sonst das Ideal der Invertierten beleidigen. […] Das Sexualobjekt ist also in diesem Falle, wie in vielen anderen, nicht das gleiche Geschlecht, sondern die Vereinigung beider Geschlechtscharaktere, das Kompromiß etwa zwischen einer Regung, die nach dem Manne, und einer, die nach dem Weibe verlangt, mit der festgehaltenen Bedingung der Männlichkeit des Körpers (der Genitalien), sozusagen die Spiegelung der eigenen bisexuellen Natur.

Eindeutiger sind die Verhältnisse beim Weibe, wo die aktiv Invertierten besonders häufig somatische und seelische Charaktere des Mannes an sich tragen und das Weibliche von ihrem Sexualobjekt verlangen, wiewohl auch hier sich bei näherer Kenntnis größerer Buntheit herausstellen dürfte.

Sexualziel der Invertierten

Die wichtige festzuhaltende Tatsache ist, daß das Sexualziel bei der Inversion keineswegs einheitlich genannt werden kann. Bei Männern fällt Verkehr *per anum* durchaus nicht mit Inversion zusammen; Masturbation ist ebenso häufig das ausschließliche Ziel, und Einschränkungen des Sexualzieles – bis zur bloßen Gefühlsergießung – sind hier sogar häufiger als bei der heterosexuellen Liebe. Auch bei Frauen sind die Sexualziele der Invertierten mannigfaltig; darunter scheint die Berührung mit der Mundschleimhaut bevorzugt.

Schlußfolgerung

[…] Die Erfahrung an den für abnorm gehaltenen Fällen lehrt uns, daß hier zwischen Sexualtrieb und Sexualobjekt eine Verlötung vorliegt, die wir bei der Gleichförmigkeit der normalen Gestaltung, wo der Trieb das Objekt mitzubringen scheint, in Gefahr sind zu übersehen. Wir werden so angewiesen, die Verknüpfung zwischen Trieb und Objekt in unseren Gedanken zu lockern. Der Geschlechtstrieb ist wahrscheinlich zunächst unabhängig von seinem Objekt und verdankt wohl auch nicht den Reizen desselben seine Entstehung.

3. Allgemeines über alle Perversionen

Variation und Krankheit

Die Ärzte, welche die Perversionen zuerst an ausgeprägten Beispielen und unter besonderen Bedingungen studiert haben, sind natürlich geneigt gewesen, ihnen den Charakter eines Krankheits- oder Degenerationszeichens zuzusprechen, ganz ähnlich wie bei der Inversion. Indes ist es hier leichter als dort, diese

Auffassung abzulehnen. Die alltägliche Erfahrung hat gezeigt, daß die meisten dieser Überschreitungen, wenigstens die minder argen unter ihnen, einen selten fehlenden Bestandteil des Sexuallebens der Gesunden bilden und von ihnen wie andere Intimitäten auch beurteilt werden. Wo die Verhältnisse es begünstigen, kann auch der Normale eine solche Perversion eine ganze Zeit lang an die Stelle des normalen Sexualzieles setzen oder ihr einen Platz neben diesem einräumen. Bei keinem Gesunden dürfte irgendein pervers zu nennender Zusatz zum normalen Sexualziel fehlen, und diese Allgemeinheit genügt für sich allein, um die Unzweckmäßigkeit einer vorwurfsvollen Verwendung des Namens Perversion darzutun. Gerade auf dem Gebiete des Sexuallebens stößt man auf besondere, eigentlich derzeit unlösbare Schwierigkeiten, wenn man eine scharfe Grenze zwischen bloßer Variation innerhalb der physiologischen Breite und krankhaften Symptomen ziehen will. [...]

In der Mehrzahl der Fälle können wir den Charakter des Krankhaften bei der Perversion nicht im Inhalt des neuen Sexualzieles, sondern in dessen Verhältnis zum Normalen finden. Wenn die Perversion nicht *neben* dem Normalen (Sexualziel und Objekt) auftritt, wo günstige Umstände dieselbe fördern und ungünstige das Normale verhindern, sondern wenn sie das Normale unter allen Umständen verdrängt und ersetzt hat – in der *Ausschließlichkeit* und in der *Fixierung* also der Perversion sehen wir zu allermeist die Berechtigung, sie als ein krankhaftes Symptom zu beurteilen. [...]

Zwei Ergebnisse

Bei dem Studium der Perversionen hat sich uns die Einsicht ergeben, daß der Sexualtrieb gegen gewisse seelische Mächte als Widerstände anzukämpfen hat, unter denen Scham und Ekel am deutlichsten hervorgetreten sind. Es ist die Vermutung gestattet, daß diese Mächte daran beteiligt sind, den Trieb innerhalb der als normal geltenden Schranken zu bannen, und wenn sie sich im Individuum früher entwickelt haben, ehe der Sexualtrieb seine volle Stärke erlangte, so waren sie es wohl, die ihm die Richtung seiner Entwicklung angewiesen haben.

Wir haben ferner die Bemerkung gemacht, daß einige der untersuchten Perversionen nur durch das Zusammentreten von mehreren Motiven verständlich werden. Wenn sie eine Analyse – Zersetzung – zulassen, müssen sie zusammengesetzter Natur sein. Hieraus können wir einen Wink entnehmen, daß vielleicht der Sexualtrieb selbst nichts Einfaches, sondern aus Komponenten zusammengesetzt ist, die sich in den Perversionen wieder von ihm ablösen. […]

4. Der Sexualtrieb bei den Neurotikern

Die Psychoanalyse

[…] Es gibt nur ein Mittel, über das Geschlechtsleben der sogenannten Psychoneurotiker (Hysterie, Zwangsneurose, fälschlich sogenannte Neurasthenie, sicherlich auch Dementia praecox, Paranoia) gründliche und nicht irreleitende Aufschlüsse zu erhalten, nämlich wenn man sie der psychoanalytischen Erforschung unterwirft, deren sich das von J. Breuer und mir 1893 eingesetzte, damals »kathartisch« genannte Heilverfahren bedient.

Ich muß vorausschicken, respektive aus anderen Veröffentlichungen wiederholen, daß diese Psychoneurosen, soweit meine Erfahrungen reichen, auf sexuellen Triebkräften beruhen. Ich meine dies nicht etwa so, daß die Energie des Sexualtriebes einen Beitrag zu den Kräften liefert, welche die krankhaften Erscheinungen (Symptome) unterhalten, sondern ich will ausdrücklich behaupten, daß dieser Anteil der einzig konstante und die wichtigste Energiequelle der Neurose ist, so daß das Sexualleben der betreffenden Personen sich entweder ausschließlich oder vorwiegend oder nur teilweise in diesen Symptomen äußert. Die Symptome sind, wie ich es an anderer Stelle ausgedrückt habe, die Sexualbetätigung der Kranken. [...]

Die Psychoanalyse beseitigt die Symptome Hysterischer unter der Voraussetzung, daß dieselben der Ersatz – die Transkription gleichsam – für eine Reihe von affektbesetzten seelischen Vorgängen, Wünschen und Strebungen sind, denen durch einen besonderen psychischen Prozeß (die *Verdrängung*) der Zugang zur Erledigung durch bewußtseinsfähige psychische Tätigkeit versagt worden ist. Diese also im Zustande des Unbewußten zurückgehaltenen Gedankenbildungen streben nach einem ihrem Affektwert gemäßen Ausdruck, einer *Abfuhr,* und finden eine solche bei der Hysterie durch den Vorgang der *Konversion* in somatischen Phänomenen – eben den hysterischen Symptomen. [...]

Ergebnisse der Psychoanalyse

[...] Der hysterische Charakter läßt ein Stück *Sexualverdrängung* erkennen, welches über das normale Maß hinausgeht, eine Steigerung der Widerstände gegen den Sexualtrieb, die uns als Scham, Ekel und Moral bekannt geworden sind, eine wie instinktive Flucht vor der intellektuellen Beschäftigung mit dem Sexualproblem, welche in ausgeprägten Fällen den Erfolg hat, die volle sexuelle Unwissenheit noch bis in die Jahre der erlangten Geschlechtsreife zu bewahren. [...]

Der Anlaß zur Erkrankung ergibt sich für die hysterisch disponierte Person, wenn infolge der fortschreitenden eigenen Reifung oder äußerer Lebensverhältnisse die reale Sexualforderung ernsthaft an sie herantritt. Zwischen dem Drängen des Triebes und dem Widerstreben der Sexualablehnung stellt sich dann der Ausweg der Krankheit her, der den Konflikt nicht löst, sondern ihm durch die Verwandlung der libidinösen Strebungen in Symptome zu entgehen sucht. [...]

Neurose und Perversion

Ein guter Teil des Widerspruches gegen diese meine Aufstellungen erklärt sich wohl daraus, daß man die Sexualität, von welcher ich die psychoneurotischen Symptome ableite, mit dem normalen Sexualtrieb zusammenfallen ließ. Allein die Psychoanalyse lehrt noch mehr. Sie zeigt, daß die Symptome keineswegs allein auf Kosten des sogenannten *normalen* Sexualtriebes entstehen (wenigstens nicht ausschließlich oder vorwiegend), sondern den konvertierten Ausdruck von Trieben darstellen, welche man als *perverse* (im weitesten Sinne) bezeichnen würde, wenn sie sich ohne Ablenkung vom Bewußtsein direkt in Phantasievorsätzen und Taten äußern könnten. Die Symptome bilden sich also zum Teil auf Kosten *abnormer* Sexualität; *die Neurose ist sozusagen das Negativ der Perversion.*

Der Sexualtrieb der Psychoneurotiker läßt alle die Abirrungen erkennen, die wir als Variationen des normalen und als Äußerungen des krankhaften Sexuallebens studiert haben. [...]

Eine ganz hervorragende Rolle unter den Symptombildnern der Psychoneurosen spielen die zumeist in Gegensatzpaaren auftretenden Partialtriebe, die wir als Bringer neuer Sexualziele kennengelernt haben, der Trieb der Schaulust und der Exhibition und der aktiv und passiv ausgebildete Trieb zur Grausamkeit. [...]

Wo ein solcher Trieb im Unbewußten aufgefunden wird, welcher der Paarung mit einem Gegensatze fähig ist, da läßt sich regelmäßig auch dieser letztere als wirksam nachweisen. Jede »aktive« Perversion wird also hier von ihrem passiven Widerpart begleitet; wer im Unbewußten Exhibitionist ist, der ist auch gleichzeitig *voyeur*, wer an den Folgen der Verdrängung sadistischer Regungen leidet, bei dem findet sich ein anderer Zuzug zu den Symptomen aus den Quellen masochistischer Neigung. Die volle Übereinstimmung mit dem Verhalten der entsprechenden »positiven« Perversionen ist gewiß sehr beachtenswert. Im Krankheitsbilde spielt aber die eine oder die andere der gegensätzlichen Neigungen die überwiegende Rolle.

In einem ausgeprägteren Falle von Psychoneurose findet man nur selten einen einzigen dieser perversen Triebe entwickelt, meist eine größere Anzahl derselben und in der Regel Spuren von allen; der einzelne Trieb ist aber in seiner Intensität unabhängig von der Ausbildung der anderen. Auch dazu ergibt uns das Studium der »positiven« Perversionen das genaue Gegenstück.

Zwangshandlungen und Religionsausübung

1907

Zwangshandlungen und Religionsausübung

Ich bin gewiß nicht der erste, dem die Ähnlichkeit der sogenannten Zwangshandlungen Nervöser mit den Verrichtungen aufgefallen ist, durch welche der Gläubige seine Frömmigkeit bezeugt. Der Name »Zeremoniell« bürgt mir dafür, mit dem man gewisse dieser Zwangshandlungen belegt hat. Doch scheint mir diese Ähnlichkeit eine mehr als oberflächliche zu sein, so daß man aus einer Einsicht in die Entstehung des neurotischen Zeremoniells Analogieschlüsse auf die seelischen Vorgänge des religiösen Lebens wagen dürfte. [...]

Das neurotische Zeremoniell besteht in kleinen Verrichtungen, Zutaten, Einschränkungen, Anordnungen, die bei gewissen Handlungen des täglichen Lebens in immer gleicher oder gesetzmäßig abgeänderter Weise vollzogen werden. Diese Tätigkeiten machen uns den Eindruck von bloßen »Formalitäten«; sie erscheinen uns völlig bedeutungslos. Nicht anders erscheinen sie dem Kranken selbst, und doch ist er unfähig, sie zu unterlassen, denn jede Abweichung von dem Zeremoniell straft sich durch unerträgliche Angst, die sofort die Nachholung des Unterlassenen erzwingt. [...] In leichten Fällen sieht das Zeremoniell so der Übertreibung einer gewohnten und berechtigten Ordnung gleich. Aber die besondere Gewissenhaftigkeit der Ausführung und die Angst bei der Unterlassung kennzeichnen das Zeremoniell als »heilige Handlung«. Störungen derselben werden meist schlecht vertragen; die Öffentlichkeit, die Gegenwart anderer Personen während der Vollziehung ist fast immer ausgeschlossen.

[…] Eine scharfe Abgrenzung des »Zeremoniells« von den »Zwangshandlungen« wird man zu finden nicht erwarten. Meist sind die Zwangshandlungen aus Zeremoniell hervorgegangen. […]
Merkwürdig ist, daß Zwang wie Verbote (das eine tun müssen, das andere nicht tun dürfen) anfänglich nur die einsamen Tätigkeiten der Menschen betreffen und deren soziales Verhalten lange Zeit unbeeinträchtigt lassen; daher können solche Kranke ihr Leiden durch viele Jahre als ihre Privatsache behandeln und verbergen. Auch leiden viel mehr Personen an solchen Formen der Zwangsneurose, als den Ärzten bekannt wird. Das Verbergen wird ferner vielen Kranken durch den Umstand erleichtert, daß sie sehr wohl imstande sind, über einen Teil des Tages ihre sozialen Pflichten zu erfüllen, nachdem sie eine Anzahl von Stunden in melusinenhafter Abgeschiedenheit ihrem geheimnisvollen Tun gewidmet haben.

Es ist leicht einzusehen, worin die Ähnlichkeit des neurotischen Zeremoniells mit den heiligen Handlungen des religiösen Ritus gelegen ist, in der Gewissensangst bei der Unterlassung, in der vollen Isolierung von allem anderen Tun (Verbot der Störung) und in der Gewissenhaftigkeit der Ausführung im kleinen. Aber ebenso augenfällig sind die Unterscheidungen, von denen einige so grell sind, daß sie den Vergleich zu einem sakrilegischen werden lassen. Die größere individuelle Mannigfaltigkeit der Zeremoniellhandlungen im Gegensatze zur Stereotypie des Ritus (Gebet, Proskinesis usw.), der Privatcharakter derselben im Gegensatze zur Öffentlichkeit und Gemeinsamkeit der Religionsübung; vor allem aber der eine Unterschied, daß die kleinen Zutaten des religiösen Zeremoniells sinnvoll und symbolisch gemeint sind, während die des neurotischen läppisch und sinnlos erscheinen. Die Zwangsneurose liefert hier ein halb komisches, halb trauriges Zerrbild einer Privatreligion. […]

[…] Wer mit den Ergebnissen der psychoanalytischen Forschung bei den Psychoneurosen vertraut ist, wird nicht überrascht sein zu hören, daß das durch die Zwangshandlungen oder das Zeremoniell Dargestellte sich aus dem intimsten, meist aus dem sexuellen Erleben der Betroffenen ableitet […]

Es gehört zu den Bedingungen des Krankseins, daß die dem Zwange folgende Person ihn ausübe, ohne seine Bedeutung – wenigstens seine Hauptbedeutung – zu kennen. […] [A]ber man muß daran denken, daß auch der einzelne Fromme in der Regel das religiöse Zeremoniell ausübt, ohne nach dessen Bedeutung zu fragen, während allerdings der Priester und der Forscher mit dem meist symbolischen Sinn des Ritus bekannt sein mögen. Die Motive, die zur Religionsübung drängen, sind aber allen Gläubigen unbekannt oder werden in ihrem Bewußtsein durch vorgeschobene Motive vertreten.

[…] Man kann sagen, der an Zwang und Verboten Leidende benimmt sich so, als stehe er unter der Herrschaft eines *Schuldbewußtseins*, von dem er allerdings nichts weiß, eines unbewußten Schuldbewußtseins also, wie man es ausdrücken muß mit Hinwegsetzung über das Sträuben der hier zusammentreffenden Worte. Dies Schuldbewußtsein hat seine Quelle in gewissen frühzeitigen Seelenvorgängen, findet aber eine beständige Auffrischung in der bei jedem rezenten Anlaß erneuerten *Versuchung* und läßt anderseits eine immer lauernde *Erwartungsangst*, Unheilserwartung, entstehen, die durch den Begriff der *Bestrafung* an die innere Wahrnehmung der Versuchung geknüpft ist. […] Der jedesmal nachweisbare Zusammenhang zwischen dem Anlasse, bei dem die Erwartungsangst auftritt, und dem Inhalte, mit dem sie droht, ist dem Kranken bereits verhüllt. Das Zeremoniell beginnt so als *Abwehr-* oder *Versicherungshandlung, Schutzmaßregel*.

Dem Schuldbewußtsein der Zwangsneurotiker entspricht die Beteuerung der Frommen, sie wüßten, daß sie im Herzen arge

Sünder seien; den Wert von Abwehr- und Schutzmaßregeln scheinen die frommen Übungen (Gebete, Anrufungen usw.) zu haben, mit denen sie jede Tätigkeit des Tages und zumal jede außergewöhnliche Unternehmung einleiten.

[...] Die Zeremoniell- und Zwangshandlungen entstehen so teils zur Abwehr der Versuchung, teils zum Schutze gegen das erwartete Unheil. Gegen die Versuchung scheinen die Schutzhandlungen bald nicht auszureichen; es treten dann die Verbote auf, welche die Situation der Versuchung ferne legen sollen. [...]

[...] Auch der Religionsbildung scheint die Unterdrückung, der *Verzicht* auf gewisse Triebregungen zugrunde zu liegen; es sind aber nicht wie bei der Neurose ausschließlich sexuelle Komponenten, sondern eigensüchtige, sozialschädliche Triebe, denen übrigens ein sexueller Beitrag meist nicht versagt ist. Das Schuldbewußtsein in der Folge der nicht erlöschenden Versuchung, die Erwartungsangst als Angst vor göttlichen Strafen ist uns ja auf religiösem Gebiete früher bekannt geworden als auf dem der Neurose. Vielleicht wegen der beigemengten sexuellen Komponenten, vielleicht infolge allgemeiner Eigenschaften der Triebe erweist sich die Triebunterdrückung auch im religiösen Leben als eine unzureichende und nicht abschließbare. [...]

[...] Diese Neigung zur Verschiebung ist es, die das Bild der Krankheitserscheinungen immer weiter abändert und es endlich dahin bringt, das scheinbar Geringfügigste zum Wichtigsten und Dringendsten zu machen. Es ist nicht zu verkennen, daß auf dem religiösen Gebiete eine ähnliche Neigung zur Verschiebung des psychischen Wertes, und zwar in gleichem Sinne, besteht, so daß allmählich das kleinliche Zeremoniell der Religionsübung zum Wesentlichen wird, welches deren Gedankeninhalt beiseite gedrängt hat. Darum unterliegen die Religionen auch ruckweise einsetzenden Reformen, welche das ursprüngliche Wertverhältnis herzustellen bemüht sind.

[…] Nach diesen Übereinstimmungen und Analogien könnte man sich getrauen, die Zwangsneurose als pathologisches Gegenstück zur Religionsbildung aufzufassen, die Neurose als eine individuelle Religiosität, die Religion als eine universelle Zwangsneurose zu bezeichnen. Die wesentlichste Übereinstimmung läge in dem zugrunde liegenden Verzicht auf die Betätigung von konstitutionell gegebenen Trieben; der entscheidendste Unterschied in der Natur dieser Triebe, die bei der Neurose ausschließlich sexueller, bei der Religion egoistischer Herkunft sind. […]

Zur Einführung des Narzissmus

1914

I

Der Terminus Narzißmus entstammt der klinischen Deskription und ist von P[aul] Näcke 1899 zur Bezeichnung jenes Verhaltens gewählt worden, bei welchem ein Individuum den eigenen Leib in ähnlicher Weise behandelt wie sonst den eines Sexualobjekts, ihn also mit sexuellem Wohlgefallen beschaut, streichelt, liebkost, bis es durch diese Vornahmen zur vollen Befriedigung gelangt. In dieser Ausbildung hat der Narzißmus die Bedeutung einer Perversion, welche das gesamte Sexualleben der Person aufgesogen hat, und unterliegt darum auch den Erwartungen, mit denen wir an das Studium aller Perversionen herantreten. Es ist dann der psychoanalytischen Beobachtung aufgefallen, daß einzelne Züge des narzißtischen Verhaltens bei vielen mit anderen Störungen behafteten Personen gefunden werden, so nach [Isidor] Sadger bei Homosexuellen, und endlich lag die Vermutung nahe, daß eine als Narzißmus zu bezeichnende Unterbringung der Libido in viel weiterem Umfang in Betracht kommen und eine Stelle in der regulären Sexualentwicklung des Menschen beanspruchen könnte. Auf die nämliche Vermutung kam man von den Schwierigkeiten der psychoanalytischen Arbeit an Neurotikern her, denn es schien, als ob ein solches narzißtisches Verhalten derselben eine der Grenzen ihrer Beeinflußbarkeit herstellte. Narzißmus in diesem Sinne wäre keine Perversion, sondern die libidinöse Ergänzung zum Egoismus des Selbsterhaltungstriebes, von dem jedem Lebewesen mit Recht ein Stück zugeschrieben wird. Ein dringendes Motiv, sich mit der Vorstellung eines primären und normalen Narzißmus zu beschäftigen, ergab sich, als der Versuch unternommen wurde, das Verständnis der Dementia praecox ([Emil] Kraepelin) oder Schizophrenie ([Eugen]Bleuler) unter die Voraussetzung der Libidotheorie zu bringen. Zwei fundamentale Charakterzüge zeigen solche Kranke, die ich vorgeschlagen habe, als Paraphreniker zu bezeichnen: den Größenwahn und die Abwendung ihres Interesses von der Außenwelt (Personen und Dingen). Infolge der letzteren Veränderung entziehen sie sich der Beeinflussung durch die Psychoanalyse, werden sie für unsere Bemühungen unheilbar. Die Abwendung des Paraphrenikers von der Außenwelt bedarf aber einer genaueren Kennzeichnung. Auch der Hysteriker und Zwangsneurotiker hat, soweit seine Krankheit reicht, die Beziehung zur Realität aufgegeben. Die Analyse zeigt aber, daß er die erotische Beziehung zu Personen und Dingen keineswegs aufgehoben hat. Er hält sie noch in der Phantasie fest, das heißt, er hat einerseits die realen Objekte durch imaginäre seiner Erinnerung ersetzt oder sie mit ihnen vermengt, anderseits darauf verzichtet, die motorischen Aktionen zur Erreichung seiner Ziele an diesen Objekten einzuleiten. Für diesen Zustand der Libido sollte man allein den von [C.G.] Jung ohne Unterscheidung gebrauchten Ausdruck: *Introversion* der Libido gelten lassen. Anders der Paraphreniker. Dieser scheint seine Libido von den Personen und Dingen der Außenwelt wirklich zurückgezogen zu haben, ohne diese durch andere in seiner Phantasie zu ersetzen. Wo dies dann geschieht, scheint es sekundär zu sein und einem Heilungsversuch anzugehören, welcher die Libido zum Objekt zurückführen will.

Es entsteht die Frage: Welches ist das Schicksal der den Objekten entzogenen Libido bei der Schizophrenie? Der Größenwahn dieser Zustände weist hier den Weg. Er ist wohl auf Kosten der Objektlibido entstanden. Die der Außenwelt entzogene Libido ist dem Ich zugeführt worden, so daß ein Verhalten entstand, welches wir Narzißmus heißen können. Der Größenwahn selbst ist aber keine Neuschöpfung, sondern, wie wir wissen, die Vergrößerung und Verdeutlichung eines Zustandes, der schon vorher bestanden hatte. Somit werden wir dazu geführt, den Narzißmus, der durch Einbeziehung der Objektbesetzungen entsteht, als einen sekundären aufzufassen, welcher sich über einen primären, durch mannigfache Einflüsse verdunkelten aufbaut. [...]

Ein dritter Zufluß zu dieser, wie ich meine, legitimen Weiterbildung der Libidotheorie ergibt sich aus unseren Beobachtungen und Auffassungen des Seelenlebens von Kindern und von primitiven Völkern. Wir finden bei diesen letzteren Züge, welche, wenn sie vereinzelt wären, dem Größenwahn zugerechnet werden könnten, eine Überschätzung der Macht ihrer Wünsche und psychischen Akte, die »Allmacht der Gedanken«, einen Glauben an die Zauberkraft der Worte, eine Technik gegen die Außenwelt, die »Magie«, welche als konsequente Anwendung dieser größensüchtigen Voraussetzungen erscheint. Wir erwarten eine ganz analoge Einstellung zur Außenwelt beim Kinde unserer Zeit, dessen Entwicklung für uns weit undurchsichtiger ist. Wir bilden so die Vorstellung einer ursprünglichen Libidobesetzung des Ichs, von der später an die Objekte abgegeben wird, die aber, im Grunde genommen, verbleibt und sich zu den Objektbesetzungen verhält wie der Körper eines Protoplasmatierchens zu den von ihm ausgeschickten Pseudopodien. Dieses Stück der Libidounterbringung mußte für unsere von den neurotischen Symptomen ausgehende Forschung zunächst verdeckt bleiben. Die Emanationen dieser Libido, die Objektbesetzungen, die ausgeschickt und wieder zurückgezogen werden können, wurden uns allein auffällig. Wir sehen auch im groben einen Gegensatz zwischen der Ichlibido und der Objektlibido. Je mehr die eine verbraucht, desto mehr verarmt die andere. Als die höchste Entwicklungsphase, zu der es die letztere bringt, erscheint uns der Zustand der Verliebtheit, der sich uns wie ein Aufgeben der eigenen Persönlichkeit gegen die Objektbesetzung darstellt und seinen Gegensatz in der Phantasie (oder Selbstwahrnehmung) der Paranoiker vom Weltuntergang findet. Endlich folgern wir für die Unterscheidung der psychischen Energien, daß sie zunächst im Zustande des Narzißmus beisammen und für unsere grobe Analyse ununterscheidbar sind und daß es erst mit der Objektbesetzung möglich wird, eine Sexualenergie, die Libido, von einer Energie der Ichtriebe zu unterscheiden.

Ehe ich weitergehe, muß ich zwei Fragen berühren, welche mitten in die Schwierigkeiten des Themas leiten. Erstens: Wie verhält sich der Narzißmus, von dem wir jetzt handeln, zum Autoerotismus, den wir als einen Frühzustand der Libido beschrieben haben? Zweitens: Wenn wir dem Ich eine primäre Besetzung mit Libido zuerkennen, wozu ist es überhaupt noch nötig, eine sexuelle Libido von einer nicht sexuellen Energie der Ichtriebe zu trennen? Würde die Zugrundelegung einer einheitlichen psychischen Energie nicht alle Schwierigkeiten der Sonderung von Ichtriebenergie und Ichlibido, Ichlibido und Objektlibido ersparen? Zur ersten Frage bemerke ich: Es ist eine notwendige Annahme, daß eine dem Ich vergleichbare Einheit nicht von Anfang an im Individuum vorhanden ist; das Ich muß entwickelt werden. Die autoerotischen Triebe sind aber uranfänglich; es muß also irgend etwas zum Autoerotismus hinzukommen, eine neue psychische Aktion, um den Narzißmus zu gestalten. [...]

Der Wert der Begriffe: Ichlibido, Objektlibido liegt darin, daß sie aus der Verarbeitung der intimen Charaktere neurotischer und psychotischer Vorgänge stammen. Die Sonderung der Libido in eine solche, die dem Ich eigen ist, und eine, die den Objekten angehängt wird, ist eine unerläßliche Fortführung einer ersten Annahme, welche Sexualtriebe und Ichtriebe voneinander schied. Dazu nötigte mich wenigstens die Analyse der reinen Übertragungsneurosen (Hysterie und Zwang), und ich weiß nur, daß alle Versuche, von diesen Phänomenen mit anderen Mitteln Rechenschaft zu geben, gründlich mißlungen sind. […]

II

Ein direktes Studium des Narzißmus scheint mir durch besondere Schwierigkeiten verwehrt zu sein. Der Hauptzugang dazu wird wohl die Analyse der Paraphrenien bleiben. Wie die Übertragungsneurosen uns die Verfolgung der libidinösen Triebregungen ermöglicht haben, so werden uns die Dementia praecox und Paranoia die Einsicht in die Ichpsychologie gestatten. Wiederum werden wir das anscheinend Einfache des Normalen aus den Verzerrungen und Vergröberungen des Pathologischen erraten müssen. Immerhin bleiben uns einige andere Wege offen, um uns der Kenntnis des Narzißmus anzunähern, die ich nun der Reihe nach beschreiben will: die Betrachtung der organischen Krankheit, der Hypochondrie und des Liebeslebens der Geschlechter.

[…] Es ist allgemein bekannt und erscheint uns selbstverständlich, daß der von organischem Schmerz und Mißempfindungen Gepeinigte das Interesse an den Dingen der Außenwelt, soweit sie nicht sein Leiden betreffen, aufgibt. Genauere Beobachtung lehrt, daß er auch das libidinöse Interesse von seinen Liebesobjekten zurückzieht, aufhört zu lieben, solange er leidet. Die Banalität dieser Tatsache braucht uns nicht abzuhalten, ihr eine Übersetzung in die Ausdrucksweise der Libidotheorie zu geben. Wir würden dann sagen: Der Kranke zieht seine Libidobesetzungen auf sein Ich zurück, um sie nach der Genesung wieder auszusenden. […] Libido und Ichinteresse haben dabei das gleiche Schicksal und sind wiederum voneinander nicht unterscheidbar. Der bekannte Egoismus der Kranken deckt beides. Wir finden ihn so selbstverständlich, weil wir gewiß sind, uns im gleichen Falle ebenso zu verhalten. Das Verscheuchen noch so intensiver Liebesbereitschaft durch körperliche Störungen, der plötzliche Ersatz derselben durch völlige Gleichgültigkeit, findet in der Komik entsprechende Ausnützung.

Ähnlich wie die Krankheit bedeutet auch der Schlafzustand ein narzißtisches Zurückziehen der Libidopositionen auf die eigene Person, des genaueren, auf den einen Wunsch zu schlafen. Der Egoismus der Träume fügt sich wohl in diesen Zusammenhang ein. In beiden Fällen sehen wir, wenn auch nichts anderes, Beispiele von Veränderungen der Libidoverteilung infolge von Ichveränderung.

Die Hypochondrie äußert sich wie das organische Kranksein in peinlichen und schmerzhaften Körperempfindungen und trifft auch in der Wirkung auf die Libidoverteilung mit ihm zusammen. Der Hypochondrische zieht Interesse wie Libido – die letztere besonders deutlich – von den Objekten der Außenwelt zurück und konzentriert beides auf das ihn beschäftigende Organ. Ein Unterschied zwischen Hypochondrie und organischer Krankheit drängt sich nun vor: im letzteren Falle sind die peinlichen Sensationen durch nachweisbare Veränderungen begründet, im ersteren Falle nicht. Es würde aber ganz in den Rahmen unserer sonstigen Auffassung der Neurosenvorgänge passen, wenn wir uns entschließen würden zu sagen: Die Hypochondrie muß recht haben, die Organveränderungen dürfen auch bei ihr nicht fehlen. Worin bestünden sie nun? [...]

Nennen wir die Tätigkeit einer Körperstelle, sexuell erregende Reize ins Seelenleben zu schicken, ihre *Erogeneität* und denken daran, daß wir durch die Erwägungen der Sexualtheorie längst an die Auffassung gewöhnt sind, gewisse andere Körperstellen – die *exogenen* Zonen – könnten die Genitalien vertreten und sich ihnen analog verhalten, so haben wir hier nur einen Schritt weiter zu wagen. Wir können uns entschließen, die Erogeneität als allgemeine Eigenschaft aller Organe anzusehen, und dürfen dann von der Steigerung oder Herabsetzung derselben an einem bestimmten Körperteile sprechen. Jeder solchen Veränderung der Erogeneität in den Organen könnte eine Veränderung der Libidobesetzung im Ich parallel gehen. In solchen Momenten hätten wir das zu suchen, was wir der Hypochondrie zugrunde legen und was die nämliche Einwirkung auf die Libidoverteilung haben kann wie die materielle Erkrankung der Organe. [...]

Wir haben in unserem seelischen Apparat vor allem ein Mittel erkannt, welchem die Bewältigung von Erregungen übertragen ist, die sonst peinlich empfunden oder pathogen wirksam würden. Die psychische Bearbeitung leistet Außerordentliches für die innere Ableitung von Erregungen, die einer unmittelbaren äußeren Abfuhr nicht fähig sind oder für die eine solche nicht augenblicklich wünschenswert wäre. Für eine solche innere Verarbeitung ist es aber zunächst gleichgültig, ob sie an realen oder an imaginierten Objekten geschieht. Der Unterschied zeigt sich erst später, wenn die Wendung der Libido auf die irrealen Objekte (Introversion) zu einer Libidostauung geführt hat. Eine ähnliche innere Verarbeitung der ins Ich zurückgekehrten Libido gestattet bei den Paraphrenien der Größenwahn; vielleicht wird erst nach seinem Versagen die Libidostauung im Ich pathogen und regt den Heilungsprozeß an, der uns als Krankheit imponiert.

Ich versuche an dieser Stelle, einige kleine Schritte weit in den Mechanismus der Paraphrenie einzudringen, und stelle die Auffassungen zusammen, welche mir schon heute beachtenswert erscheinen. Den Unterschied dieser Affektionen von den Übertragungsneurosen verlege ich in den Umstand, daß die durch

(*) als eine Überschreibung (Umschreibung) eben mit dem Sinn, aber mit anderen Worten ...

MANCHMAL IST EINE ZIGARRE NUR EINE ZIGARRE

Versagung frei gewordene Libido nicht bei Objekten in der Phantasie bleibt, sondern sich aufs Ich zurückzieht; der Größenwahn entspricht dann der psychischen Bewältigung dieser Libidomenge, also der Introversion auf die Phantasiebildungen bei den Übertragungsneurosen; dem Versagen dieser psychischen Leistung entspringt die Hypochondrie der Paraphrenie, welche der Angst der Übertragungsneurosen homolog ist. Wir wissen, daß diese Angst durch weitere psychische Bearbeitung ablösbar ist, also durch Konversion, Reaktionsbildung, Schutzbildung (Phobie). Diese Stellung nimmt bei den Paraphrenien der Restitutionsversuch ein, dem wir die auffälligen Krankheitserscheinungen danken. Da die Paraphrenie häufig – wenn nicht zumeist – eine bloß partielle Ablösung der Libido von den Objekten mit sich bringt, so ließen sich in ihrem Bilde drei Gruppen von Erscheinungen sondern: 1) die der erhaltenen Normalität oder Neurose (Resterscheinungen), 2) die des Krankheitsprozesses (der Ablösung der Libido von den Objekten, dazu der Größenwahn, die Hypochondrie, die Affektstörung, alle Regressionen), 3) die der Restitution, welche nach Art einer Hysterie (Dementia praecox, eigentliche Paraphrenie) oder einer Zwangsneurose (Paranoia) die Libido wieder an die Objekte heftet. Diese neuerliche Libidobesetzung geschieht von einem anderen Niveau her, unter anderen Bedingungen als die primäre. Die Differenz der bei ihr geschaffenen Übertragungsneurosen von den entsprechenden Bildungen des normalen Ichs müßte die tiefste Einsicht in die Struktur unseres seelischen Apparates vermitteln können.

Einen dritten Zugang zum Studium des Narzißmus gestattet das Liebesleben der Menschen in seiner verschiedenartigen Differenzierung bei Mann und Weib. Ähnlich, wie die Objektlibido unserer Beobachtung zuerst die Ichlibido verdeckt hat, so haben wir auch bei der Objektwahl des Kindes (und Heranwachsenden) zuerst gemerkt, daß es seine Sexualobjekte seinen Befriedigungserlebnissen entnimmt. Die ersten autoerotischen sexuellen Befriedigungen werden im Anschluß an lebenswichtige, der Selbsterhaltung dienende Funktionen erlebt. Die Sexualtriebe lehnen sich zunächst an die Befriedigung der Ichtriebe an, machen sich erst später von den letzteren selbständig; die Anlehnung zeigt sich aber noch darin, daß die Personen, welche mit der Ernährung, Pflege, dem Schutz des Kindes zu tun haben, zu den ersten Sexualobjekten werden, also zunächst die Mutter oder ihr Ersatz. Neben diesem Typus und dieser Quelle der Objektwahl, den man den *Anlehnungstypus* heißen kann, hat uns aber die analytische Forschung einen zweiten kennen gelehrt, den zu finden wir nicht vorbereitet waren. Wir haben, besonders deutlich bei Personen, deren Libidoentwicklung eine Störung erfahren hat, wie bei Perversen und Homosexuellen, gefunden, daß sie ihr späteres Liebesobjekt nicht nach dem Vorbild der Mutter wählen, sondern nach dem ihrer eigenen Person. Sie suchen offenkundigerweise sich selbst als Liebesobjekt, zeigen den *narzißtisch* zu nennenden Typus der Objektwahl. In dieser Beobachtung ist das stärkste Motiv zu erkennen, welches uns zur Annahme des Narzißmus genötigt hat.

Wir haben nun nicht geschlossen, daß die Menschen in zwei scharf geschiedene Gruppen zerfallen, je nachdem sie den Anlehnungs- oder den narzißtischen Typus der Objektwahl haben, sondern ziehen die Annahme vor, daß jedem Menschen beide Wege zur Objektwahl offenstehen, wobei der eine oder der andere bevorzugt werden kann. Wir sagen, der Mensch habe zwei ursprüngliche Sexualobjekte: sich selbst und das pflegende Weib, und setzen dabei den primären Narzißmus jedes Menschen voraus, der eventuell in seiner Objektwahl dominierend zum Ausdruck kommen kann.

Die Vergleichung von Mann und Weib zeigt dann, daß sich in deren Verhältnis zum Typus der Objektwahl fundamentale, wenn auch natürlich nicht regelmäßige, Unterschiede ergeben. Die volle Objektliebe nach dem Anlehnungstypus ist eigentlich für den Mann charakteristisch. Sie zeigt die auffällige Sexualüberschätzung, welche wohl dem ursprünglichen Narzißmus des Kindes entstammt und somit einer Übertragung desselben auf das Sexualobjekt entspricht. Diese Sexualüberschätzung gestattet die Entstehung des eigentümlichen, an neurotischen Zwang mahnenden Zustandes der Verliebtheit, der sich so auf eine Verarmung des Ichs an Libido zugunsten des Objektes zurückführt. Anders gestaltet sich die Entwicklung bei dem häufigsten, wahrscheinlich reinsten und echtesten Typus des Weibes. Hier scheint mit der Pubertätsentwicklung durch die Ausbildung der bis dahin latenten weiblichen Sexualorgane eine Steigerung des ursprünglichen Narzißmus aufzutreten, welche der Gestaltung einer ordentlichen, mit Sexualüberschätzung ausgestatteten Objektliebe ungünstig ist. Es stellt sich besonders im Falle der Entwicklung zur Schönheit eine Selbstgenügsamkeit des Weibes her, welche das Weib für die ihm sozial verkümmerte Freiheit der Objektwahl entschädigt. Solche Frauen lieben, strenggenommen, nur sich selbst mit ähnlicher Intensität, wie der Mann sie liebt. Ihr Bedürfnis geht auch nicht dahin zu lieben, sondern geliebt zu werden, und sie lassen sich den Mann gefallen, welcher diese Bedingung erfüllt. Die Bedeutung dieses Frauentypus für das Liebesleben der Menschen ist sehr hoch einzuschätzen. Solche Frauen üben den größten Reiz auf die Männer aus, nicht nur aus ästhetischen Gründen, weil sie gewöhnlich die schönsten sind, sondern auch infolge interessanter psychologischer Konstellationen. Es erscheint nämlich deutlich erkennbar, daß der Narzißmus einer Person eine große Anziehung auf diejenigen anderen entfaltet, welche sich des vollen Ausmaßes ihres eigenen Narzißmus begeben haben und sich in der Werbung um die Objektliebe befinden; der Reiz des Kindes beruht zum guten Teil auf dessen Narzißmus, seiner Selbstgenügsamkeit und Unzugänglichkeit, ebenso der Reiz gewisser Tiere, die sich um uns nicht zu kümmern scheinen, wie der Katzen und großen Raubtiere, ja selbst der große Verbrecher und der Humorist zwingen in der poetischen Darstellung unser Interesse durch die narzißtische Konsequenz, mit welcher sie alles ihr Ich Verkleinernde von ihm fernzuhalten wissen. Es ist so, als beneideten wir sie um die Erhaltung eines seligen psychischen Zustandes, einer unangreifbaren Libidoposition, die wir selbst seither aufgegeben haben. Dem großen Reiz des narzißtischen Weibes fehlt aber die Kehrseite nicht; ein guter Teil der Unbefriedigung des verliebten Mannes, der Zweifel an der Liebe des Weibes, der Klagen über die Rätsel im Wesen desselben hat in dieser Inkongruenz der Objektwahltypen seine Wurzel. [...]

Eine kurze Übersicht der Wege zur Objektwahl mag diese andeutenden Bemerkungen beschließen. Man liebt:
1) Nach dem narzißtischen Typus:
    a) was man selbst ist (sich selbst),
    b) was man selbst war,
    c) was man selbst sein möchte,
    d) die Person, die ein Teil des eigenen Selbst war.
2) Nachdem Anlehnungstypus:
    a) die nährende Frau,
    b) den schützenden Mann

und die in Reihen von ihnen ausgehenden Ersatzpersonen. Der Fall c) des ersten Typus kann erst durch später folgende Ausführungen gerechtfertigt werden.

Die Bedeutung der narzißtischen Objektwahl für die Homosexualität des Mannes bleibt in anderem Zusammenhange zu würdigen.

Der von uns supponierte primäre Narzißmus des Kindes, der eine der Voraussetzungen unserer Libidotheorien enthält, ist weniger leicht durch direkte Beobachtung zu erfassen als durch

Rückschluß von einem anderen Punkte her zu bestätigen. Wenn man die Einstellung zärtlicher Eltern gegen ihre Kinder ins Auge faßt, muß man sie als Wiederaufleben und Reproduktion des eigenen, längst aufgegebenen Narzißmus erkennen. Das gute Kennzeichen der Überschätzung, welches wir als narzißtisches Stigma schon bei der Objektwahl gewürdigt haben, beherrscht, wie allbekannt, diese Gefühlsbeziehung. So besteht ein Zwang, dem Kinde alle Vollkommenheiten zuzusprechen, wozu nüchterne Beobachtung keinen Anlaß fände, und alle seine Mängel zu verdecken und zu vergessen, womit ja die Verleugnung der kindlichen Sexualität im Zusammenhange steht. Es besteht aber auch die Neigung, alle kulturellen Erwerbungen, deren Anerkennung man seinem Narzißmus abgezwungen hat, vor dem Kinde zu suspendieren und die Ansprüche auf längst aufgegebene Vorrechte bei ihm zu erneuern. Das Kind soll es besser haben als seine Eltern, es soll den Notwendigkeiten, die man als im Leben herrschend erkannt hat, nicht unterworfen sein. Krankheit, Tod, Verzicht auf Genuß, Einschränkung des eigenen Willens sollen für das Kind nicht gelten, die Gesetze der Natur wie der Gesellschaft vor ihm haltmachen, es soll wirklich wieder Mittelpunkt und Kern der Schöpfung sein. *His Majesty the Baby*, wie man sich einst selbst dünkte. Es soll die unausgeführten Wunschträume der Eltern erfüllen, ein großer Mann und Held werden an Stelle des Vaters, einen Prinzen zum Gemahl bekommen zur späten Entschädigung der Mutter. Der heikelste Punkt des narzißtischen Systems, die von der Realität hart bedrängte Unsterblichkeit des Ichs, hat ihre Sicherung in der Zuflucht zum Kinde gewonnen. Die rührende, im Grunde so kindliche Elternliebe ist nichts anderes als der wiedergeborene Narzißmus der Eltern, der in seiner Umwandlung zur Objektliebe sein einstiges Wesen unverkennbar offenbart.

III

Welchen Störungen der ursprüngliche Narzißmus des Kindes ausgesetzt ist und mit welchen Reaktionen er sich derselben erwehrt, auch auf welche Bahnen er dabei gedrängt wird, das möchte ich als einen wichtigen Arbeitsstoff, welcher noch der Erledigung harrt, beiseite stellen; das bedeutsamste Stück desselben kann man als »Kastrationskomplex« (Penisangst beim Knaben, Penisneid beim Mädchen) herausheben und im Zusammenhange mit dem Einfluß der frühzeitigen Sexualeinschüchterung behandeln. [...] Vom Standpunkte der psychoanalytischen Forschung ist Existenz und Bedeutung des »männlichen Protestes« von allem Anfang an anerkannt, seine narzißtische Natur und Herkunft aus dem Kastrationskomplex aber gegen [Alfred] Adler vertreten worden. Er gehört der Charakterbildung an, in deren Genese er nebst vielen anderen Faktoren eingeht, und ist zur Aufklärung der Neurosenprobleme, an denen Adler nichts beachten will als die Art, wie sie dem Ichinteresse dienen, völlig ungeeignet. Ich finde es ganz unmöglich, die Genese der Neurose auf die schmale Basis des Kastrationskomplexes zu stellen, so mächtig dieser auch bei Männern unter den Widerständen gegen die Heilung der Neurose hervortreten mag. [...]

Die Beobachtung des normalen Erwachsenen zeigt dessen einstigen Größenwahn gedämpft und die psychischen Charaktere, aus denen wir seinen infantilen Narzißmus erschlossen haben, verwischt. Was ist aus seiner Ichlibido geworden? Sollen wir annehmen, daß ihr ganzer Betrag in Objektbesetzungen aufgegangen ist? Diese Möglichkeit widerspricht offenbar dem ganzen Zuge unserer Erörterungen; wir können aber auch aus der Psychologie der Verdrängung einen Hinweis auf eine andere Beantwortung der Frage entnehmen.

[...] Die Verdrängung, haben wir gesagt, geht vom Ich aus; wir könnten präzisieren: von der Selbstachtung des Ichs. Dieselben Eindrücke, Erlebnisse, Impulse, Wunschregungen, welche der eine Mensch in sich gewähren läßt oder wenigstens bewußt verarbeitet, werden vom anderen in voller Empörung zurückgewiesen oder bereits vor ihrem Bewußtwerden erstickt. Der Unterschied der beiden aber, welcher die Bedingung der Verdrängung enthält, läßt sich leicht in Ausdrücke fassen, welche eine Bewältigung durch die Libidotheorie ermöglichen. Wir können sagen, der eine habe ein *Ideal* in sich aufgerichtet, an welchem er sein aktuelles Ich mißt, während dem anderen eine solche Idealbildung abgehe. Die Idealbildung wäre von Seiten des Ichs die Bedingung der Verdrängung.

Diesem IdealIch gilt nun die Selbstliebe, welche in der Kindheit das wirkliche Ich genoß. Der Narzißmus erscheint auf dieses neue ideale Ich verschoben, welches sich wie das infantile im Besitz aller wertvollen Vollkommenheiten befindet. Der Mensch hat sich hier, wie jedesmal auf dem Gebiete der Libido, unfähig erwiesen, auf die einmal genossene Befriedigung zu verzichten. Er will die narzißtische Vollkommenheit seiner Kindheit nicht entbehren, und wenn er diese nicht festhalten konnte, durch die Mahnungen während seiner Entwicklungszeit gestört und in seinem Urteil geweckt, sucht er sie in der neuen Form des Ichideals wiederzugewinnen. Was er als sein Ideal vor sich hin projiziert, ist der Ersatz für den verlorenen Narzißmus seiner Kindheit, in der er sein eigenes Ideal war.

Es liegt nahe, die Beziehungen dieser Idealbildung zur Sublimierung zu untersuchen. Die Sublimierung ist ein Prozeß an der Objektlibido und besteht darin, daß sich der Trieb auf ein anderes, von der sexuellen Befriedigung entferntes Ziel wirft; der Akzent ruht dabei auf der Ablenkung vom Sexuellen. Die Idealisierung ist ein Vorgang mit dem Objekt, durch welchen dieses ohne Änderung seiner Natur vergrößert und psychisch erhöht wird. Die Idealisierung ist sowohl auf dem Gebiete der Ichlibido wie auch der Objektlibido möglich. So ist zum Beispiel die Sexualüberschätzung des Objektes eine Idealisierung desselben. Insofern also Sublimierung etwas beschreibt, was mit dem Trieb, Idealisierung etwas, was am Objekt vorgeht, sind die beiden begrifflich auseinanderzuhalten.

[…] Man findet gerade bei den Neurotikern die höchsten Spannungsdifferenzen zwischen der Ausbildung des Ichideals und dem Maß von Sublimierung ihrer primitiven libidinösen Triebe, und es fällt im allgemeinen viel schwerer, den Idealisten von dem unzweckmäßigen Verbleib seiner Libido zu überzeugen, als den simplen, in seinen Ansprüchen genügsam gebliebenen Menschen. […]

Es wäre nicht zu verwundern, wenn wir eine besondere psychische Instanz auffinden sollten, welche die Aufgabe erfüllt, über die Sicherung der narzißtischen Befriedigung aus dem Ichideal zu wachen, und in dieser Absicht das aktuelle Ich unausgesetzt beobachtet und am Ideal mißt. Wenn eine solche Instanz existiert, so kann es uns unmöglich zustoßen, sie zu entdecken; wir können sie nur als solche agnoszieren und dürfen uns sagen, daß das, was wir unser *Gewissen* heißen, diese Charakteristik erfüllt. Die Anerkennung dieser Instanz ermöglicht uns das Verständnis des sogenannten Beachtungs- oder richtiger *Beobachtungs*wahnes, welcher in der Symptomatologie der paranoiden Erkrankungen so deutlich hervortritt, vielleicht auch als isolierte Erkrankung oder in eine Übertragungsneurose eingesprengt vorkommen kann. Die Kranken klagen dann darüber, daß man alle ihre Gedanken kennt, ihre Handlungen beobachtet und beaufsichtigt; sie werden von dem Walten dieser Instanz durch Stimmen informiert, welche charakteristischerweise in der dritten Person zu ihnen sprechen. (»Jetzt denkt sie wieder daran«; »jetzt geht er fort«.) Diese Klage hat recht, sie beschreibt die Wahrheit; eine solche Macht, die alle unsere Absichten beobachtet, erfährt und kritisiert, besteht wirklich, und zwar bei uns allen im normalen Leben. Der Beobachtungswahn stellt sie in regressiver Form dar, enthüllt dabei ihre Genese und den Grund, weshalb sich der Erkrankte gegen sie auflehnt.

Die Anregung zur Bildung des Ichideals, als dessen Wächter das Gewissen bestellt ist, war nämlich von dem durch die Stimme vermittelten kritischen Einfluß der Eltern ausgegangen, an welche sich im Laufe der Zeiten die Erzieher, Lehrer und als unübersehbarer, unbestimmbarer Schwarm alle anderen Personen des Milieus angeschlossen hatten. (Die Mitmenschen, die öffentliche Meinung.) […]

Die Klage der Paranoia zeigt auch, daß die Selbstkritik des Gewissens im Grunde mit der Selbstbeobachtung, auf die sie gebaut ist, zusammenfällt. Dieselbe psychische Tätigkeit, welche die Funktion des Gewissens übernommen hat, hat sich also auch in den Dienst der Innenforschung gestellt, welche der Philosophie das Material für ihre Gedankenoperationen liefert. Das mag für den Antrieb zur spekulativen Systembildung, welcher die Paranoia auszeichnet, nicht gleichgültig sein. […]

Wir erinnern uns, daß wir gefunden haben, die Traumbildung entstehe unter der Herrschaft einer Zensur, welche die Traumgedanken zur Entstellung nötigt. Unter dieser Zensur stellten wir uns aber keine besondere Macht vor, sondern wählten diesen Ausdruck für die den Traumgedanken zugewandte Seite der das Ich beherrschenden, verdrängenden Tendenzen. Gehen wir in die Struktur des Ichs weiter ein, so dürfen wir im Ichideal und den dynamischen Äußerungen des Gewissens auch den *Traumzensor* erkennen. Merkt dieser Zensor ein wenig auch während des Schlafes auf, so werden wir verstehen, daß die Voraussetzung seiner Tätigkeit, die Selbstbeobachtung und Selbstkritik, mit Inhalten, wie »jetzt ist er zu schläfrig, um zu denken« – »jetzt wacht er auf«, einen Beitrag zum Trauminhalt leistet.

[...] Wenn wir unsere Unterscheidung von Sexual- und Ichtrieben einführen, müssen wir dem Selbstgefühl eine besonders innige Abhängigkeit von der narzißtischen Libido zuerkennen. Wir lehnen uns dabei an die zwei Grundtatsachen an, daß bei den Paraphrenien das Selbstgefühl gesteigert, bei den Übertragungsneurosen herabgesetzt ist und daß im Liebesleben das Nichtgeliebtwerden das Selbstgefühl erniedrigt, das Geliebtwerden dasselbe erhöht. Wir haben angegeben, daß Geliebtwerden das Ziel und die Befriedigung bei narzißtischer Objektwahl darstellt. Es ist ferner leicht zu beobachten, daß die Libidobesetzung der Objekte das Selbstgefühl nicht erhöht. Die Abhängigkeit vom geliebten Objekt wirkt herabsetzend; wer verliebt ist, ist demütig. Wer liebt, hat sozusagen ein Stück seines Narzißmus eingebüßt und kann es erst durch das Geliebtwerden ersetzt erhalten. In all diesen Beziehungen scheint das Selbstgefühl in Relation mit dem narzißtischen Anteil am Liebesleben zu bleiben.

Die Wahrnehmung der Impotenz, des eigenen Unvermögens zu lieben, infolge seelischer oder körperlicher Störungen, wirkt im hohen Grade herabsetzend auf das Selbstgefühl ein. Hier ist nach meinem Ermessen eine der Quellen für die so bereitwillig kundgegebenen Minderwertigkeitsgefühle der Übertragungsneurotiker zu suchen. Die Hauptquelle dieser Gefühle ist aber die Ichverarmung, welche sich aus den außerordentlich großen, dem Ich entzogenen Libidobesetzungen ergibt, also die Schädigung des Ichs durch die der Kontrolle nicht mehr unterworfenen Sexualstrebungen. [...]

Die Beziehungen des Selbstgefühls zur Erotik (zu den libidinösen Objektbesetzungen) lassen sich formelhaft in folgender Weise darstellen: Man hat die beiden Fälle zu unterscheiden, ob die Liebesbesetzungen *ichgerecht* sind oder im Gegenteil eine Verdrängung erfahren haben. Im ersteren Falle (bei ichgerechter Verwendung der Libido) wird das Lieben wie jede andere

Betätigung des Ichs gewertet. Das Lieben an sich, als Sehnen, Entbehren, setzt das Selbstgefühl herab, das Geliebtwerden, Gegenliebe finden, Besitzen des geliebten Objekts hebt es wieder. Bei verdrängter Libido wird die Liebesbesetzung als arge Verringerung des Ichs empfunden, Liebesbefriedigung ist unmöglich, die Wiederbereicherung des Ichs wird nur durch die Zurückziehung der Libido von den Objekten möglich. Die Rückkehr der Objektlibido zum Ich, deren Verwandlung in Narzißmus, stellt gleichsam wieder eine glückliche Liebe dar, und anderseits entspricht auch eine reale glückliche Liebe dem Urzustand, in welchem Objekt- und Ichlibido voneinander nicht zu unterscheiden sind.

[…] Die Entwicklung des Ichs besteht in einer Entfernung vom primären Narzißmus und erzeugt ein intensives Streben, diesen wiederzugewinnen. Diese Entfernung geschieht vermittels der Libidoverschiebung auf ein von außen aufgenötigtes Ichideal, die Befriedigung durch die Erfüllung dieses Ideals. […]

Das Ichideal hat die Libidobefriedigung an den Objekten unter schwierige Bedingungen gebracht, indem es einen Teil derselben durch seinen Zensor als unverträglich abweisen läßt. Wo sich ein solches Ideal nicht entwickelt hat, da tritt die betreffende sexuelle Strebung unverändert als Perversion in die Persönlichkeit ein. Wiederum ihr eigenes Ideal sein, auch in betreff der Sexualstrebungen, wie in der Kindheit, das wollen die Menschen als ihr Glück erreichen.

Die Verliebtheit besteht in einem Überströmen der Ichlibido auf das Objekt. Sie hat die Kraft, Verdrängungen aufzuheben und Perversionen wiederherzustellen. Sie erhebt das Sexualobjekt zum Sexualideal. Da sie bei dem Objekt- oder Anlehnungstypus auf Grund der Erfüllung infantiler Liebesbedingungen erfolgt, kann man sagen: Was diese Liebesbedingung erfüllt, wird idealisiert.

Das Sexualideal kann in eine interessante Hilfsbeziehung zum Ichideal treten. Wo die narzißtische Befriedigung auf reale Hindernisse stößt, kann das Sexualideal zur Ersatzbefriedigung verwendet werden. Man liebt dann nach dem Typus der narzißtischen Objektwahl das, was man war und eingebüßt hat oder was die Vorzüge besitzt, die man überhaupt nicht hat (vergleiche oben unter *c*). [...]

Vom Ichideal aus führt ein bedeutsamer Weg zum Verständnis der Massenpsychologie. Dies Ideal hat außer seinem individuellen einen sozialen Anteil, es ist auch das gemeinsame Ideal einer Familie, eines Standes, einer Nation. Es hat außer der narzißtischen Libido einen großen Betrag der homosexuellen Libido einer Person gebunden, welcher auf diesem Wege ins Ich zurückgekehrt ist. Die Unbefriedigung durch Nichterfüllung dieses Ideals macht homosexuelle Libido frei, welche sich in Schuldbewußtsein (soziale Angst) verwandelt. Das Schuldbewußtsein war ursprünglich Angst vor der Strafe der Eltern, richtiger gesagt: vor dem Liebesverlust bei ihnen; an Stelle der Eltern ist später die unbestimmte Menge der Genossen getreten. Die häufige Verursachung der Paranoia durch Kränkung des Ichs, Versagung der Befriedigung im Bereiche des Ichideals, wird so verständlicher, auch das Zusammentreffen von Idealbildung und Sublimierung im Ichideal, die Rückbildung der Sublimierungen und eventuelle Umbildung der Ideale bei den paraphrenischen Erkrankungen.

Das Unbewusste

1915

Wir haben aus der Psychoanalyse erfahren, das Wesen des Prozesses der Verdrängung bestehe nicht darin, eine den Trieb repräsentierende Vorstellung aufzuheben, zu vernichten, sondern sie vom Bewußtwerden abzuhalten. Wir sagen dann, sie befinde sich im Zustande des »Unbewußten«, und haben gute Beweise dafür vorzubringen, daß sie auch unbewußt Wirkungen äußern kann, auch solche, die endlich das Bewußtsein erreichen. Alles Verdrängte muß unbewußt bleiben, aber wir wollen gleich eingangs feststellen, daß das Verdrängte nicht alles Unbewußte deckt. Das Unbewußte hat den weiteren Umfang; das Verdrängte ist ein Teil des Unbewußten.

Wie sollen wir zur Kenntnis des Unbewußten kommen? Wir kennen es natürlich nur als Bewußtes, nachdem es eine Umsetzung oder Übersetzung in Bewußtes erfahren hat. Die psychoanalytische Arbeit läßt uns alltäglich die Erfahrung machen, daß solche Übersetzung möglich ist. [...]

I
DIE RECHTFERTIGUNG DES UNBEWUSSTEN

Die Berechtigung, ein unbewußtes Seelisches anzunehmen und mit dieser Annahme wissenschaftlich zu arbeiten, wird uns von vielen Seiten bestritten. Wir können dagegen anführen, daß die Annahme des Unbewußten *notwendig* und *legitim* ist und daß wir für die Existenz des Unbewußten mehrfache *Beweise* besitzen. Sie ist notwendig, weil die Daten des Bewußtseins in hohem Grade lückenhaft sind; sowohl bei Gesunden als bei Kranken kommen häufig psychische Akte vor, welche zu ihrer Erklärung andere Akte voraussetzen, für die aber das Bewußtsein nicht zeugt. Solche Akte sind nicht nur die Fehlhandlungen und die Träume bei Gesunden, alles, was man psychische Symptome und Zwangserscheinungen heißt, bei Kranken – unsere persönlichste tägliche Erfahrung macht uns mit Einfällen bekannt, deren Herkunft wir nicht kennen, und mit Denkresultaten, deren Ausarbeitung uns verborgen geblieben ist. Alle diese bewußten Akte blieben zusammenhanglos und unverständlich, wenn wir den Anspruch festhalten wollen, daß wir auch alles durchs Bewußtsein erfahren müssen, was an seelischen Akten in uns vorgeht, und ordnen sich in einen aufzeigbaren Zusammenhang ein, wenn wir die erschlossenen unbewußten Akte interpolieren. […]

[…] Man darf antworten, die konventionelle Gleichstellung des Psychischen mit dem Bewußten ist durchaus unzweckmäßig. Sie zerreißt die psychischen Kontinuitäten, stürzt uns in die unlösbaren Schwierigkeiten des psychophysischen Parallelismus, unterliegt dem Vorwurf, daß sie ohne einsichtliche Begründung die Rolle des Bewußtseins überschätzt, und nötigt uns, das Gebiet der psychologischen Forschung vorzeitig zu verlassen, ohne uns von anderen Gebieten her Entschädigung bringen zu können.

Immerhin ist es klar, daß die Frage, ob man die unabweisbaren latenten Zustände des Seelenlebens als unbewußte seelische oder als physische auffassen soll, auf einen Wortstreit hinauszulaufen droht. Es ist darum ratsam, das in den Vordergrund zu rücken, was uns von der Natur dieser fraglichen Zustände mit Sicherheit bekannt ist. Nun sind sie uns nach ihren physischen Charakteren vollkommen unzugänglich; keine physiologische Vorstellung, kein chemischer Prozeß kann uns eine Ahnung von ihrem Wesen vermitteln. Auf der anderen Seite steht fest, daß sie mit den bewußten seelischen Vorgängen die ausgiebigste Berührung haben; sie lassen sich mit einer gewissen Arbeitsleistung in sie umsetzen, durch sie ersetzen, und sie können mit all den Kategorien beschrieben werden, die wir auf die bewußten Seelenakte anwenden, als Vorstellungen, Strebungen, Entschließungen u. dgl. Ja, von manchen dieser latenten Zustände müssen wir aussagen, sie unterscheiden sich von den bewußten eben nur durch den Wegfall des Bewußtseins. Wir werden also nicht zögern, sie als Objekte psychologischer Forschung und in innigstem Zusammenhang mit den bewußten seelischen Akten zu behandeln.

[...] Übrigens haben die hypnotischen Experimente, besonders die posthypnotische Suggestion, Existenz und Wirkungsweise des seelisch Unbewußten bereits vor der Zeit der Psychoanalyse sinnfällig demonstriert.

Die Annahme des Unbewußten ist aber auch eine völlig *legitime*, insofern wir bei ihrer Aufstellung keinen Schritt von unserer gewohnten, für korrekt gehaltenen Denkweise abweichen. Das Bewußtsein vermittelt jedem einzelnen von uns nur die Kenntnis von eigenen Seelenzuständen; daß auch ein anderer Mensch ein Bewußtsein hat, ist ein Schluß, der *per analogiam* auf Grund der wahrnehmbaren Äußerungen und Handlungen dieses anderen gezogen wird, um uns dieses Benehmen des anderen verständlich zu machen. [...] Unsere heutige Kritik wird bereits beim Bewußtsein der Tiere unsicher, verweigert sich dem Bewußtsein der Pflanzen und weist die Annahme eines Bewußtseins des Unbelebten der Mystik zu. Aber auch, wo die ursprüngliche Identifizierungsneigung die kritische Prüfung bestanden hat, bei dem uns nächsten menschlichen anderen, ruht die Annahme eines Bewußtseins auf einem Schluß und kann nicht die unmittelbare Sicherheit unseres eigenen Bewußtseins teilen.

Die Psychoanalyse fordert nun nichts anderes, als daß dieses Schlußverfahren auch gegen die eigene Person gewendet werde, wozu eine konstitutionelle Neigung allerdings nicht besteht.

Geht man so vor, so muß man sagen, alle die Akte und Äußerungen, die ich an mir bemerke und mit meinem sonstigen psychischen Leben nicht zu verknüpfen weiß, müssen beurteilt werden, als ob sie einer anderen Person angehörten, und sollen durch ein ihr zugeschriebenes Seelenleben Aufklärung finden. Die Erfahrung zeigt auch, daß man dieselben Akte, denen man bei der eigenen Person die psychische Anerkennung verweigert, bei anderen sehr wohl zu deuten, d. h. in den seelischen Zusammenhang einzureihen versteht. Unsere Forschung wird hier offenbar durch ein besonderes Hindernis von der eigenen Person abgelenkt und an deren richtiger Erkenntnis behindert.

Dies trotz inneren Widerstrebens gegen die eigene Person gewendete Schlußverfahren führt nun nicht zur Aufdeckung eines Unbewußten, sondern korrekterweise zur Annahme eines anderen, zweiten Bewußtseins, welches mit dem mir bekannten in meiner Person vereinigt ist. [...] Wir müssen also bereit sein, nicht nur ein zweites Bewußtsein in uns anzunehmen, sondern auch ein drittes, viertes, vielleicht eine unabschließbare Reihe von Bewußtseinszuständen, die sämtlich uns und miteinander unbekannt sind. Drittens kommt als schwerstes Argument in Betracht, daß wir durch die analytische Untersuchung erfahren, ein Teil dieser latenten Vorgänge besitze Charaktere und Eigentümlichkeiten, welche uns fremd, selbst unglaublich erscheinen und den uns bekannten Eigenschaften des Bewußtseins direkt zuwiderlaufen. Somit werden wir Grund haben, den gegen die eigene Person gewendeten Schluß dahin abzuändern, er beweise uns nicht ein zweites Bewußtsein in uns, sondern die Existenz von psychischen Akten, welche des Bewußtseins entbehren. Wir werden auch die Bezeichnung eines »Unterbewußtseins« als inkorrekt und irreführend ablehnen dürfen. [...]

Es bleibt uns in der Psychoanalyse gar nichts anderes übrig, als die seelischen Vorgänge für an sich unbewußt zu erklären und ihre Wahrnehmung durch das Bewußtsein mit der Wahrnehmung der Außenwelt durch die Sinnesorgane zu vergleichen. Wir hoffen sogar aus diesem Vergleich einen Gewinn für unsere Erkenntnis zu ziehen. […]

II
Die Vieldeutigkeit des Unbewussten und der topische Gesichtspunkt

Ehe wir weitergehen, wollen wir die wichtige, aber auch beschwerliche Tatsache feststellen, daß die Unbewußtheit nur ein Merkmal des Psychischen ist, welches für dessen Charakteristik keineswegs ausreicht. Es gibt psychische Akte von sehr verschiedener Dignität, die doch in dem Charakter, unbewußt zu sein, übereinstimmen. Das Unbewußte umfaßt einerseits Akte, die bloß latent, zeitweilig unbewußt sind, sich aber sonst von den bewußten in nichts unterscheiden, und anderseits Vorgänge wie die verdrängten, die, wenn sie bewußt würden, sich von den übrigen bewußten aufs grellste abheben müßten. […]

In positiver Darstellung sagen wir nun als Ergebnis der Psychoanalyse aus, daß ein psychischer Akt im allgemeinen zwei Zustandsphasen durchläuft, zwischen welche eine Art Prüfung (*Zensur*) eingeschaltet ist. In der ersten Phase ist er unbewußt und gehört dem System *Ubw* an; wird er bei der Prüfung von der Zensur abgewiesen, so ist ihm der Übergang in die zweite Phase versagt; er heißt dann »verdrängt« und muß unbewußt bleiben. Besteht er aber diese Prüfung, so tritt er in die zweite Phase ein und wird dem zweiten System zugehörig, welches wir das System *Bw* nennen wollen. Sein Verhältnis zum Bewußtsein ist aber durch diese Zugehörigkeit noch nicht eindeutig bestimmt. Er ist noch nicht bewußt, wohl aber *bewußtseinsfähig* (nach dem Ausdruck von J[osef] Breuer), d. h., er kann nun ohne besonderen Widerstand beim Zutreffen gewisser Bedingungen Objekt des Bewußtseins werden. Mit Rücksicht auf diese Bewußtseinsfähigkeit heißen wir das System *Bw* auch das »*Vorbewußte*«. Sollte es sich herausstellen, daß auch das Bewußtwerden des Vorbewußten durch eine gewisse Zensur mitbestimmt wird, so werden wir die Systeme *Vbw* und *Bw* strenger voneinander sondern. Vorläufig genüge es festzuhalten, daß das System *Vbw* die Eigenschaften des Systems *Bw* teilt und daß die strenge Zensur am Übergang vom *Ubw* zum *Vbw* (oder *Bw*) ihres Amtes waltet. [...]

Wollen wir mit einer Topik der seelischen Akte Ernst machen, so müssen wir unser Interesse einer an dieser Stelle auftauchenden Zweifelsfrage zuwenden. Wenn ein psychischer Akt (beschränken wir uns hinauf einen solchen von der Natur einer Vorstellung) die Umsetzung aus dem System *Ubw* in das System *Bw* (oder *Vbw*) erfährt, sollen wir annehmen, daß mit dieser Umsetzung eine neuerliche Fixierung, gleichsam eine zweite Niederschrift der betreffenden Vorstellung verbunden ist, die also auch in einer neuen psychischen Lokalität enthalten sein kann und neben welcher die ursprüngliche, unbewußte Niederschrift fortbesteht? Oder sollen wir eher glauben, daß die Umsetzung in einer Zustandsänderung besteht, welche sich an dem nämlichen Material und an derselben Lokalität vollzieht? Diese Frage kann abstrus erscheinen, muß aber aufgeworfen werden, wenn wir uns von der psychischen Topik, der psychischen Tiefendimension, eine bestimmtere Idee bilden wollen. [...] Es klafft hier eine Lücke, deren Ausfüllung derzeit nicht möglich ist, auch nicht zu den Aufgaben der Psychologie gehört. Unsere psychische Topik hat *vorläufig* nichts mit der Anatomie zu tun; sie bezieht sich auf Regionen des seelischen Apparats, wo immer sie im Körper gelegen sein mögen, und nicht auf anatomische Örtlichkeiten.

[...] Mit der ersten, der topischen Annahme ist die einer topischen Trennung der Systeme *Ubw* und *Bw* und die Möglichkeit verknüpft, daß eine Vorstellung gleichzeitig an zwei Stellen des psychischen Apparats vorhanden sei, ja, daß sie, wenn durch die Zensur ungehemmt, regelmäßig von dem einen Ort an den anderen vorrücke, eventuell ohne ihre erste Niederlassung oder Niederschrift zu verlieren. Das mag befremdlich aussehen, kann sich aber an Eindrücke aus der psychoanalytischen Praxis anlehnen.

Wenn man einem Patienten eine seinerzeit von ihm verdrängte Vorstellung, die man erraten hat, mitteilt, so ändert dies zunächst an seinem psychischen Zustand nichts. Es hebt vor allem nicht die Verdrängung auf, macht deren Folgen nicht rückgängig, wie man vielleicht erwarten konnte, weil die früher unbewußte Vorstellung nun bewußt geworden ist. Man wird im Gegenteil zunächst nur eine neuerliche Ablehnung der verdrängten Vorstellung erzielen. Der Patient hat aber jetzt tatsächlich dieselbe Vorstellung in zweifacher Form an verschiedenen Stellen seines seelischen Apparats, erstens hat er die bewußte Erinnerung an die Gehörspur der Vorstellung durch die Mitteilung, zweitens trägt er daneben, wie wir mit Sicherheit wissen, die unbewußte Erinnerung an das Erlebte in der früheren Form in sich. In Wirklichkeit tritt nun eine Aufhebung der Verdrängung nicht eher ein, als bis die bewußte Vorstellung sich nach Überwindung der Widerstände mit der unbewußten Erinnerungsspur in Verbindung gesetzt hat. Erst durch das Bewußtmachen dieser letzteren selbst wird der Erfolg erreicht. Damit schiene ja für oberflächliche Erwägung erwiesen, daß bewußte und unbewußte Vorstellungen verschiedene und topisch gesonderte Niederschriften des nämlichen Inhaltes sind. Aber die nächste Überlegung zeigt, daß die Identität der Mitteilung mit der verdrängten Erinnerung des Patienten nur eine scheinbare ist. Das Gehörthaben und das Erlebthaben sind zwei nach ihrer psychologischen Natur ganz verschiedene Dinge, auch wenn sie den nämlichen Inhalt haben. [...]

III
Unbewusste Gefühle

[...] Wir sagten, es gäbe bewußte und unbewußte Vorstellungen; gibt es aber auch unbewußte Triebregungen, Gefühle, Empfindungen, oder ist es diesmal sinnlos, solche Zusammensetzungen zu bilden?

Ich meine wirklich, der Gegensatz von bewußt und unbewußt hat auf den Trieb keine Anwendung. Ein Trieb kann nie Objekt des Bewußtseins werden, nur die Vorstellung, die ihn repräsentiert. Er kann aber auch im Unbewußten nicht anders als durch die Vorstellung repräsentiert sein. Würde der Trieb sich nicht an eine Vorstellung heften oder nicht als ein Affektzustand zum Vorschein kommen, so könnten wir nichts von ihm wissen. Wenn wir aber doch von einer unbewußten Triebregung oder einer verdrängten Triebregung reden, so ist dies eine harmlose Nachlässigkeit des Ausdrucks. Wir können nichts anderes meinen als eine Triebregung, deren Vorstellungsrepräsentanz unbewußt ist, denn etwas anderes kommt nicht in Betracht.

Man sollte meinen, die Antwort auf die Frage nach den unbewußten Empfindungen, Gefühlen, Affekten sei ebenso leicht zu geben. Zum Wesen eines Gefühls gehört es doch, daß es verspürt, also dem Bewußtsein bekannt wird. Die Möglichkeit einer Unbewußtheit würde also für Gefühle, Empfindungen, Affekte völlig entfallen. Wir sind aber in der psychoanalytischen Praxis gewöhnt, von unbewußter Liebe, Haß, Wut usw. zu sprechen und finden selbst die befremdliche Vereinigung »unbewußtes Schuldbewußtsein« oder eine paradoxe »unbewußte Angst« unvermeidlich. Geht dieser Sprachge-

DAS UNBEWUSSTE

brauch an Bedeutung über den im Falle des »unbewußten Triebes« hinaus?

Der Sachverhalt ist hier wirklich ein anderer. Es kann zunächst vorkommen, daß eine Affekt- oder Gefühlsregung wahrgenommen, aber verkannt wird. Sie ist durch die Verdrängung ihrer eigentlichen Repräsentanz zur Verknüpfung mit einer anderen Vorstellung genötigt worden und wird nun vom Bewußtsein für die Äußerung dieser letzteren gehalten. Wenn wir den richtigen Zusammenhang wiederherstellen, heißen wir die ursprüngliche Affektregung eine »unbewußte«, obwohl ihr Affekt niemals unbewußt war, nur ihre Vorstellung der Verdrängung erlegen ist. [...] Wir wissen auch, daß die Unterdrückung der Affektentwicklung das eigentliche Ziel der Verdrängung ist und daß deren Arbeit unabgeschlossen bleibt, wenn das Ziel nicht erreicht wird. In allen Fällen, wo der Verdrängung die Hemmung der Affektentwicklung gelingt, heißen wir die Affekte, die wir im Redressement der Verdrängungsarbeit wieder einsetzen, »unbewußte«. [...] Strenggenommen und obwohl der Sprachgebrauch tadellos bleibt, gibt es also keine unbewußten Affekte, wie es unbewußte Vorstellungen gibt. Es kann aber sehr wohl im System *Ubw* Affektbildungen geben, die wie andere bewußt werden. Der ganze Unterschied rührt daher, daß Vorstellungen Besetzungen – im Grunde von Erinnerungsspuren – sind, während die Affekte und Gefühle Abfuhrvorgängen entsprechen, deren letzte Äußerungen als Empfindungen wahrgenommen werden. Im gegenwärtigen Zustand unserer Kenntnis von den Affekten und Gefühlen können wir diesen Unterschied nicht klarer ausdrücken.

[...] Solange das System *Bw* Affektivität und Motilität beherrscht, heißen wir den psychischen Zustand des Individuums normal. Indes ist ein Unterschied in der Beziehung des herrschenden Systems zu den beiden einander nahestehenden Abfuhraktionen unverkennbar. Während die Herrschaft des *Bw*

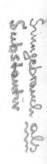

Sprachgebrauch als Substantiv

über die willkürliche Motilität fest gegründet ist, dem Ansturm der Neurose regelmäßig widersteht und erst in der Psychose zusammenbricht, ist die Beherrschung der Affektentwicklung durch *Bw* minder gefestigt. Noch innerhalb des normalen Lebens läßt sich ein beständiges Ringen der beiden Systeme *Bw* und *Ubw* um den Primat in der Affektivität erkennen, grenzen sich gewisse Einflußsphären voneinander ab und stellen sich Vermengungen der wirksamen Kräfte her.

[...] Wir haben behauptet, daß bei der Verdrängung eine Trennung des Affekts von seiner Vorstellung stattfindet, worauf beide ihren gesonderten Schicksalen entgegengehen. Das ist deskriptiv unbestreitbar; der wirkliche Vorgang aber ist in der Regel, daß ein Affekt so lange nicht zustande kommt, bis nicht der Durchbruch zu einer neuen Vertretung im System *Bw* gelungen ist.

IV
Topik und Dynamik der Verdrängung

Wir haben das Resultat erhalten, daß die Verdrängung im wesentlichen ein Vorgang ist, der sich an Vorstellungen an der Grenze der Systeme *Ubw* und *Vbw (Bw)* vollzieht, und können nun einen neuerlichen Versuch machen, diesen Vorgang eingehender zu beschreiben. Es muß sich dabei um eine *Entziehung* von Besetzung handeln, aber es fragt sich, in welchem System findet die Entziehung statt, und welchem System gehört die entzogene Besetzung an.

Die verdrängte Vorstellung bleibt im *Ubw* aktionsfähig; sie muß also ihre Besetzung behalten haben. Das Entzogene muß etwas anderes sein. Nehmen wir den Fall der eigentlichen Verdrängung vor (des Nachdrängens), wie sie sich an der vorbewußten oder selbst bereits bewußten Vorstellung abspielt, dann kann die Verdrängung nur darin bestehen, daß der Vorstellung die (vor)bewußte Besetzung entzogen wird, die dem System *Vbw* angehört. Die Vorstellung bleibt dann unbesetzt, oder sie erhält Besetzung vom *Ubw* her, oder sie behält die *ubw* Besetzung, die sie schon früher hatte. Also Entziehung der vorbewußten, Erhaltung der unbewußten Besetzung oder Ersatz der vorbewußten Besetzung durch eine unbewußte. [...]

Dieser Vorgang der Libidoentziehung reicht aber nicht aus, um einen anderen Charakter der Verdrängung begreiflich zu machen. Es ist nicht einzusehen, warum die besetzt gebliebene oder vom *Ubw* her mit Besetzung versehene Vorstellung nicht den Versuch erneuern sollte, kraft ihrer Besetzung in das System *Vbw* einzudringen. Dann müßte sich die Libidoentziehung an ihr wiederholen, und dasselbe Spiel würde sich unabgeschlossen fortsetzen, das Ergebnis aber nicht das der Verdrängung sein. Ebenso würde der besprochene Mechanismus der Entziehung vorbewußter Besetzung versagen, wenn es sich um die Darstellung der Urverdrängung handelt; in diesem Falle liegt ja eine unbewußte Vorstellung vor, die noch keine Besetzung vom *Vbw* erhalten hat, der eine solche also auch nicht entzogen werden kann.

Wir bedürfen also hier eines anderen Vorganges, welcher im ersten Falle (d. h. im Fall des Nachdrängens) die Verdrängung unterhält, im zweiten (d. h. im Fall von Urverdrängung) ihre Herstellung und Fortdauer besorgt, und können diesen nur in der Annahme einer *Gegenbesetzung* finden, durch welche sich das System *Vbw* gegen das Andrängen der unbewußten Vorstellung schützt. [...]

Wir merken, wie wir allmählich dazu gekommen sind, in der Darstellung psychischer Phänomene einen dritten Gesichtspunkt zur Geltung zu bringen, außer dem dynamischen und dem topischen den *ökonomischen,* der die Schicksale der Erregungsgrößen zu verfolgen und eine wenigstens relative

Schätzung derselben zu gewinnen strebt. Wir werden es nicht unbillig finden, die Betrachtungsweise, welche die Vollendung der psychoanalytischen Forschung ist, durch einen besonderen Namen auszuzeichnen. Ich schlage vor, daß es eine *metapsychologische* Darstellung genannt werden soll, wenn es uns gelingt, einen psychischen Vorgang nach seinen *dynamischen, topischen* und *ökonomischen* Beziehungen zu beschreiben. [...]

Machen wir einen zaghaften Versuch, eine metapsychologische Beschreibung des Verdrängungsvorganges bei den drei bekannten Übertragungsneurosen zu geben. Wir dürfen dabei »Besetzung« durch »Libido« ersetzen, weil es sich ja, wie wir wissen, um die Schicksale von Sexualtrieben handelt.

Eine erste Phase des Vorganges bei der Angsthysterie wird häufig übersehen, vielleicht auch wirklich übergangen, ist aber bei sorgfältiger Beobachtung gut kenntlich. Sie besteht darin, daß Angst auftritt, ohne daß wahrgenommen würde, wovor. Es ist anzunehmen, daß im *Ubw* eine Liebesregung vorhanden war, die nach der Umsetzung ins System *Vbw* verlangte; aber die von diesem System her ihr zugewendete Besetzung zog sich nach Art eines Fluchtversuches von ihr zurück, und die unbewußte Libidobesetzung der zurückgewiesenen Vorstellung wurde als Angst abgeführt. Bei einer etwaigen Wiederholung des Vorganges wurde ein erster Schritt zur Bewältigung der unliebsamen Angstentwicklung unternommen. Die fliehende *(vbw)* Besetzung wendete sich einer Ersatzvorstellung zu, die einerseits assoziativ mit der abgewiesenen Vorstellung zusammenhing, andererseits durch die Entfernung von ihr der Verdrängung entzogen war *(Verschiebungsersatz)* und eine Rationalisierung der noch unhemmbaren Angstentwicklung gestattete. Die Ersatzvorstellung spielt nun für das System *Bw (Vbw)* die Rolle einer Gegenbesetzung, indem sie es gegen das Auftauchen der verdrängten Vorstellung im *Bw* versichert, andererseits ist sie die

Ausgangsstelle der nun erst recht unhemmbaren Angstaffektentbindung oder benimmt sich als solche. [...]

[...] Je weiter weg vom gefürchteten Ersatz die empfindlichen und wachsamen Gegenbesetzungen angebracht sind, desto präziser kann der Medianismus funktionieren, der die Ersatzvorstellung isolieren und neue Erregungen von ihr abhalten soll. Diese Vorsichten schützen natürlich nur gegen Erregungen, die von außen, durch die Wahrnehmung an die Ersatzvorstellung herantreten, aber niemals gegen die Triebregung, die von der Verbindung mit der verdrängten Vorstellung her die Ersatzvorstellung trifft. Sie beginnen also erst zu wirken, wenn der Ersatz die Vertretung des Verdrängten gut übernommen hat, und können niemals ganz verläßlich wirken. Bei jedem Ansteigen der Trieberregung muß der schützende Wall um die Ersatzvorstellung um ein Stück weiter hinausverlegt werden. Die ganze Konstruktion, die in analoger Weise bei den anderen Neurosen hergestellt wird, trägt den Namen einer *Phobie*. Der Ausdruck der Flucht vor bewußter Besetzung der Ersatzvorstellung sind die Vermeidungen, Verzichte und Verbote, an denen man die Angsthysterie erkennt. Überschaut man den ganzen Vorgang, so kann man sagen, die dritte Phase hat die Arbeit der zweiten in größerem Ausmaß wiederholt. Das System *Bw* schützt sich jetzt gegen die Aktivierung der Ersatzvorstellung durch die Gegenbesetzung der Umgebung, wie es sich vorhin durch die Besetzung der Ersatzvorstellung gegen das Auftauchen der verdrängten Vorstellung gesichert hatte. Die Ersatzbildung durch Verschiebung hat sich in solcher Weise fortgesetzt. Man muß auch hinzufügen, daß das System *Bw* früher nur eine kleine Stelle besaß, die eine Einbruchspforte der verdrängten Triebregung war, die Ersatzvorstellung nämlich, daß aber am Ende der ganze phobische Vorbau einer solchen Enklave des unbewußten Einflusses entspricht. Man kann ferner den interessanten Gesichtspunkt hervorheben, daß durch den ganzen ins Werk gesetzten Abwehrmechanismus eine Projektion der Triebgefahr nach außen erreicht worden ist. Das Ich benimmt sich so, als ob ihm die Gefahr der Angstentwicklung nicht von einer Triebregung, sondern von einer Wahrnehmung her drohte, und darf darum gegen diese äußere Gefahr mit den Fluchtversuchen der phobischen Vermeidungen reagieren. Eines gelingt bei diesem Vorgang der Verdrängung: die Entbindung von Angst läßt sich einigermaßen eindämmen, aber nur unter schweren Opfern an persönlicher Freiheit. Fluchtversuche vor Triebansprüchen sind aber im allgemeinen nutzlos, und das Ergebnis der phobischen Flucht bleibt doch unbefriedigend.

[...] Die Rolle der Gegenbesetzung, die vom System *Bw (Vbw)* ausgeht, ist bei der Konversionshysterie deutlich und kommt in der Symptombildung zum Vorschein. Die Gegenbesetzung ist es, welche die Auswahl trifft, auf welches Stück der Triebrepräsentanz die ganze Besetzung derselben konzentriert werden darf. Dies zum Symptom erlesene Stück erfüllt die Bedingung, daß es dem Wunschziel der Triebregung ebensosehr Ausdruck gibt wie dem Abwehr- oder Strafbestreben des Systems *Bw;* es wird also überbesetzt und von beiden Seiten her gehalten wie die Ersatzvorstellung der Angsthysterie. Wir können aus diesem Verhältnis ohne weiteres den Schluß ziehen, daß der Verdrängungsaufwand des Systems *Bw* nicht so groß zu sein braucht wie die Besetzungsenergie des Symptoms, denn die Stärke der Verdrängung wird durch die aufgewendete Gegenbesetzung gemessen, und das Symptom stützt sich nicht nur auf die Gegenbesetzung, sondern auch auf die in ihm verdichtete Triebbesetzung aus dem System *Ubw.* [...]

Trauer und Melancholie

1915

Trauer und Melancholie

[...] Die Zusammenstellung von Melancholie und Trauer erscheint durch das Gesamtbild der beiden Zustände gerechtfertigt. Auch die Anlässe zu beiden aus den Lebenseinwirkungen fallen dort, wo sie überhaupt durchsichtig sind, zusammen. Trauer ist regelmäßig die Reaktion auf den Verlust einer geliebten Person oder einer an ihre Stelle gerückten Abstraktion wie Vaterland, Freiheit, ein Ideal usw. Unter den nämlichen Einwirkungen zeigt sich bei manchen Personen, die wir darum unter den Verdacht einer krankhaften Disposition setzen, an Stelle der Trauer eine Melancholie. Es ist auch sehr bemerkenswert, daß es uns niemals einfällt, die Trauer als einen krankhaften Zustand zu betrachten und dem Arzt zur Behandlung zu übergeben, obwohl sie schwere Abweichungen vom normalen Lebensverhalten mit sich bringt. Wir vertrauen darauf, daß sie nach einem gewissen Zeitraum überwunden sein wird, und halten eine Störung derselben für unzweckmäßig, selbst für schädlich.

Die Melancholie ist seelisch ausgezeichnet durch eine tief schmerzliche Verstimmung, eine Aufhebung des Interesses für die Außenwelt, durch den Verlust der Liebesfähigkeit, durch die Hemmung jeder Leistung und die Herabsetzung des Selbstgefühls, die sich in Selbstvorwürfen und Selbstbeschimpfungen äußert und bis zur wahnhaften Erwartung von Strafe steigert. Dies Bild wird unserem Verständnis nähergerückt, wenn wir erwägen, daß die Trauer dieselben Züge aufweist, bis auf einen einzigen; die Störung des Selbstgefühls fällt bei ihr weg. Sonst aber ist es dasselbe. Die schwere Trauer, die Reaktion auf den Verlust einer geliebten Person, enthält die nämliche schmerzliche Stim-

mung, den Verlust des Interesses für die Außenwelt – soweit sie nicht an den Verstorbenen mahnt –, den Verlust der Fähigkeit, irgendein neues Liebesobjekt zu wählen – was den Betrauerten ersetzen hieße –, die Abwendung von jeder Leistung, die nicht mit dem Andenken des Verstorbenen in Beziehung steht. Wir fassen es leicht, daß diese Hemmung und Einschränkung des Ichs der Ausdruck der ausschließlichen Hingabe an die Trauer ist, wobei für andere Absichten und Interessen nichts übrigbleibt. Eigentlich erscheint uns dieses Verhalten nur darum nicht pathologisch, weil wir es so gut zu erklären wissen. [...]
Worin besteht nun die Arbeit, welche die Trauer leistet? Ich glaube, daß es nichts Gezwungenes enthalten wird, sie in folgender Art darzustellen: Die Realitätsprüfung hat gezeigt, daß das geliebte Objekt nicht mehr besteht, und erläßt nun die Aufforderung, alle Libido aus ihren Verknüpfungen mit diesem Objekt abzuziehen. Dagegen erhebt sich ein begreifliches Sträuben – es ist allgemein zu beobachten, daß der Mensch eine Libidoposition nicht gern verläßt, selbst dann nicht, wenn ihm Ersatz bereits winkt. Dies Sträuben kann so intensiv sein, daß eine Abwendung von der Realität und ein Festhalten des Objekts durch eine halluzinatorische Wunschpsychose zustande kommt. Das Normale ist, daß der Respekt vor der Realität den Sieg behält. Doch kann ihr Auftrag nicht sofort erfüllt werden. Er wird nun im einzelnen unter großem Aufwand von Zeit und Besetzungsenergie durchgeführt und unterdes die Existenz des verlorenen Objekts psychisch fortgesetzt. Jede einzelne der Erinnerungen und Erwartungen, in denen die Libido an das Objekt geknüpft war, wird eingestellt, überbesetzt und an ihr die Lösung der Libido vollzogen. Warum diese Kompromißleistung der Einzeldurchführung des Realitätsgebotes so außerordentlich schmerzhaft ist, läßt sich in ökonomischer Begründung gar nicht leicht angeben. Es ist merkwürdig, daß uns diese Schmerzunlust selbstverständlich erscheint. Tatsächlich wird aber das

Ich nach der Vollendung der Trauerarbeit wieder frei und ungehemmt.

Wenden wir nun auf die Melancholie an, was wir von der Trauer erfahren haben. In einer Reihe von Fällen ist es offenbar, daß auch sie Reaktion auf den Verlust eines geliebten Objekts sein kann; bei anderen Veranlassungen kann man erkennen, daß der Verlust von mehr ideeller Natur ist. Das Objekt ist nicht etwa real gestorben, aber es ist als Liebesobjekt verlorengegangen (z. B. der Fall einer verlassenen Braut). In noch anderen Fällen glaubt man an der Annahme eines solchen Verlustes festhalten zu sollen, aber man kann nicht deutlich erkennen, was verloren wurde, und darf um so eher annehmen, daß auch der Kranke nicht bewußt erfassen kann, was er verloren hat. Ja, dieser Fall könnte auch dann noch vorliegen, wenn der die Melancholie veranlassende Verlust dem Kranken bekannt ist, indem er zwar weiß *wen*, aber nicht, *was* er an ihm verloren hat. So würde uns nahegelegt, die Melancholie irgendwie auf einen dem Bewußtsein entzogenen Objektverlust zu beziehen, zum Unterschied von der Trauer, bei welcher nichts an dem Verluste unbewußt ist.

Bei der Trauer fanden wir Hemmung und Interesselosigkeit durch die das Ich absorbierende Trauerarbeit restlos aufgeklärt. Eine ähnliche innere Arbeit wird auch der unbekannte Verlust bei der Melancholie zur Folge haben und darum für die Hemmung der Melancholie verantwortlich werden. Nur daß uns die melancholische Hemmung einen rätselhaften Eindruck macht, weil wir nicht sehen können, was die Kranken so vollständig absorbiert. Der Melancholiker zeigt uns noch eines, was bei der Trauer entfällt, eine außerordentliche Herabsetzung seines Ichgefühls, eine großartige Ichverarmung. Bei der Trauer ist die Welt arm und leer geworden, bei der Melancholie ist es das Ich selbst. Der Kranke schildert uns sein Ich als nichtswürdig, leistungsunfähig und moralisch verwerflich, er macht sich Vorwürfe, beschimpft sich und erwartet Ausstoßung und Strafe. Er erniedrigt sich vor jedem anderen, bedauert jeden der Seinigen, daß er an seine so unwürdige Person gebunden sei. Er hat nicht das Urteil einer Veränderung, die an ihm vorgefallen ist, sondern streckt seine Selbstkritik über die Vergangenheit aus; er behauptet, niemals besser gewesen zu sein. Das Bild dieses – vorwiegend moralischen – Kleinheitswahnes vervollständigt sich durch Schlaflosigkeit, Ablehnung der Nahrung und eine psychologisch höchst merkwürdige Überwindung des Triebes, der alles Lebende am Leben festzuhalten zwingt.

[...] Endlich muß uns auffallen, daß der Melancholiker sich doch nicht ganz so benimmt wie ein normalerweise von Reue und Selbstvorwurf Zerknirschter. Es fehlt das Schämen vor anderen, welches diesen letzteren Zustand vor allem charakterisieren würde, oder es tritt wenigstens nicht auffällig hervor. Man könnte am Melancholiker beinahe den gegenteiligen Zug einer aufdringlichen Mitteilsamkeit hervorheben, die an der eigenen Bloßstellung eine Befriedigung findet. [...]

[...] Hört man die mannigfachen Selbstanklagen des Melancholikers geduldig an, so kann man sich endlich des Eindruckes nicht erwehren, daß die stärksten unter ihnen zur eigenen Person oft sehr wenig passen, aber mit geringfügigen Modifikationen einer anderen Person anzupassen sind, die der Kranke liebt, geliebt hat oder lieben sollte. Sooft man den Sachverhalt untersucht, bestätigt er diese Vermutung. So hat man denn den Schlüssel des Krankheitsbildes in der Hand, indem man die Selbstvorwürfe als Vorwürfe gegen ein Liebesobjekt erkennt, die von diesem weg auf das eigene Ich gewälzt sind. [...] Auch das Benehmen der Kranken wird jetzt um vieles verständlicher. Ihre *Klagen* sind *Anklagen*, gemäß dem alten Sinne des Wortes; sie schämen und verbergen sich nicht, weil alles Herabsetzende, was sie von sich aussagen, im Grunde von einem anderen gesagt wird; und sie sind weit davon entfernt, gegen ihre Umgebung die Demut und Unterwürfigkeit zu bezeugen, die allein so unwürdigen Personen geziemen würde, sie sind vielmehr im höchsten Grade quälerisch, immer wie gekränkt und als ob ihnen ein großes Unrecht widerfahren wäre. Dies ist alles nur möglich, weil die Reaktionen ihres Benehmens noch von der seelischen Konstellation der Auflehnung ausgehen, welche dann durch einen gewissen Vorgang in die melancholische Zerknirschung übergeführt worden ist. [...]

[...] Es muß einerseits eine starke Fixierung an das Liebesobjekt vorhanden sein, anderseits aber im Widerspruch dazu eine geringe Resistenz der Objektbesetzung. Dieser Widerspruch scheint nach einer treffenden Bemerkung von O[tto] Rank zu fordern, daß die Objektwahl auf narzißtischer Grundlage erfolgt sei, so daß die Objektbesetzung, wenn sich Schwierigkeiten gegen sie erheben, auf den Narzißmus regredieren kann. Die narzißtische Identifizierung mit dem Objekt wird dann zum Ersatz der Liebesbesetzung, was den Erfolg hat, daß die Liebesbeziehung trotz des Konflikts mit der geliebten Person nicht aufgegeben werden muß. Ein solcher Ersatz der Objektliebe durch Identifizierung ist ein für die narzißtischen Affektionen bedeutsamer Mechanismus [...]. [...] Wir haben an anderer Stelle ausgeführt, daß die Identifizierung die Vorstufe der Objektwahl ist und die erste, in ihrem Ausdruck ambivalente Art, wie das Ich ein Objekt auszeichnet. Es möchte sich dieses Objekt einverleiben, und zwar der oralen oder kannibalischen Phase der Libidoentwicklung entsprechend, auf dem Wege des Fressens. Auf diesen Zusammenhang führt [Karl] Abraham wohl mit Recht die Ablehnung der Nahrungsaufnahme zurück, welche sich bei schwerer Ausbildung des melancholischen Zustandes kundgibt. [...]

Die Melancholie entlehnt also einen Teil ihrer Charaktere der Trauer, den anderen Teil dem Vorgang der Regression von der narzißtischen Objektwahl zum Narzißmus. Sie ist einerseits wie die Trauer Reaktion auf den realen Verlust des Liebesobjekts, aber sie ist überdies mit einer Bedingung behaftet, welche der normalen Trauer abgeht oder dieselbe, wo sie hinzutritt, in eine pathologische verwandelt. Der Verlust des Liebesobjekts ist ein ausgezeichneter Anlaß, um die Ambivalenz der Liebesbeziehungen zur Geltung und zum Vorschein zu bringen. Wo die Disposition zur Zwangsneurose vorhanden ist, verleiht darum der Ambivalenzkonflikt der Trauer eine pathologische Gestaltung und zwingt sie, sich in der Form von Selbstvorwürfen, daß man den Verlust des Liebesobjekts selbst verschuldet, d. h. gewollt habe, zu äußern. In solchen zwangsneurotischen Depressionen nach dem Tode geliebter Personen wird uns vorgeführt, was der Ambivalenzkonflikt für sich allein leistet, wenn die regressive Einziehung der Libido nicht mit dabei ist. Die Anlässe der Melancholie gehen meist über den klaren Fall des Verlustes durch den Tod hinaus und umfassen alle die Situationen von Kränkung, Zurücksetzung und Enttäuschung, durch welche ein Gegensatz von Lieben und Hassen in die Beziehung eingetragen oder eine vorhandene Ambivalenz verstärkt werden kann. Dieser Ambivalenzkonflikt, bald mehr realer, bald mehr konstitutiver Herkunft, ist unter den Voraussetzungen der Melancholie nicht zu vernachlässigen. Hat sich die Liebe zum Objekt, die nicht aufgegeben werden kann, während das Objekt selbst aufgegeben wird, in die narzißtische Identifizierung geflüchtet, so betätigt sich an diesem Ersatzobjekt der Haß, indem er es beschimpft, erniedrigt, leiden macht und an diesem Leiden eine sadistische Befriedigung gewinnt. Die unzweifelhaft genußreiche Selbstquälerei der Melancholie bedeutet ganz wie das entsprechende Phänomen der Zwangsneurose die Befriedigung von sadistischen und Haßtendenzen, die einem Objekt gelten und auf diesem Wege eine Wendung gegen die eigene Person erfahren haben. [...]

[...] Nun lehrt uns die Analyse der Melancholie, daß das Ich sich nur dann töten kann, wenn es durch die Rückkehr der Objektbesetzung sich selbst wie ein Objekt behandeln kann, wenn es die Feindseligkeit gegen sich richten darf, die einem Objekt gilt und die die ursprüngliche Reaktion des Ichs gegen Objekte der Außenwelt vertritt. (Siehe ›Triebe und Triebschicksale‹.) So ist bei der Regression von der narzißtischen Objektwahl das Objekt zwar aufgehoben worden, aber es hat sich doch mächtiger erwiesen als das Ich selbst. In den zwei entgegengesetzten Situationen der äußersten Verliebtheit und des Selbstmordes wird das Ich, wenn auch auf gänzlich verschiedenen Wegen, vom Objekt überwältigt. […]

Die merkwürdigste und aufklärungsbedürftigste Eigentümlichkeit der Melancholie ist durch ihre Neigung gegeben, in den symptomatisch gegensätzlichen Zustand der Manie umzuschlagen. Bekanntlich hat nicht jede Melancholie dieses Schicksal. Manche Fälle verlaufen in periodischen Rezidiven, deren Intervalle entweder keine oder eine nur sehr geringfügige Tönung von Manie erkennen lassen. […]

[…] Der Eindruck, dem bereits mehrere psychoanalytische Forscher Worte geliehen haben, geht dahin, daß die Manie keinen anderen Inhalt hat als die Melancholie, daß beide Affektionen mit demselben »Komplex« ringen, dem das Ich wahrscheinlich in der Melancholie erlegen ist, während es ihn in der Manie bewältigt oder beiseite geschoben hat. Den anderen Anhalt gibt die Erfahrung, daß alle Zustände von Freude, Jubel, Triumph, die uns das Normalvorbild der Manie zeigen, die nämliche ökonomische Bedingtheit erkennen lassen. Es handelt sich bei ihnen um eine Einwirkung, durch welche ein großer, lange unterhaltener oder gewohnheitsmäßig hergestellter psychischer Aufwand endlich überflüssig wird, so daß er für mannigfache Verwendungen und Abfuhrmöglichkeiten bereitsteht. […] Alle solche Situationen zeichnen sich durch die gehobene Stimmung, die Abfuhrzeichen des freudigen Affekts, und durch die gesteigerte Bereitwilligkeit zu allerlei Aktionen aus, ganz wie die

Manie und im vollen Gegensatz zur Depression und Hemmung der Melancholie. Man kann wagen, es auszusprechen, daß die Manie nichts anderes ist als ein solcher Triumph, nur daß es wiederum dem Ich verdeckt bleibt, was es überwunden hat und worüber es triumphiert. […]

Setzen wir die beiden Andeutungen zusammen, so ergibt sich: In der Manie muß das Ich den Verlust des Objekts (oder die Trauer über den Verlust oder vielleicht das Objekt selbst) überwunden haben, und nun ist der ganze Betrag von Gegenbesetzung, den das schmerzhafte Leiden der Melancholie aus dem Ich an sich gezogen und gebunden hatte, verfügbar geworden. Der Manische demonstriert uns auch unverkennbar seine Befreiung von dem Objekt, an dem er gelitten hatte, indem er wie ein Heißhungriger auf neue Objektbesetzungen ausgeht. […]

Es spricht sich nun rasch aus und schreibt sich leicht nieder, daß die »unbewußte (Ding-) Vorstellung des Objekts von der Libido verlassen wird«. Aber in Wirklichkeit ist diese Vorstellung durch ungezählte Einzeleindrücke (unbewußte Spuren derselben) vertreten, und die Durchführung dieser Libidoabziehung kann nicht ein momentaner Vorgang sein, sondern gewiß wie bei der Trauer ein langwieriger, allmählich fortschreitender Prozeß. […] Der Charakter der Einzeldurchführung der Libidoablösung ist also der Melancholie wie der Trauer in gleicher Weise zuzuschreiben, stützt sich wahrscheinlich auf die gleichen ökonomischen Verhältnisse und dient denselben Tendenzen.

Die Melancholie hat aber, wie wir gehört haben, etwas mehr zum Inhalt als die normale Trauer. Das Verhältnis zum Objekt ist bei ihr kein einfaches, es wird durch den Ambivalenzkonflikt kompliziert. Die Ambivalenz ist entweder konstitutionell, d. h. sie hängt jeder Liebesbeziehung dieses Ichs an, oder sie geht gerade aus den Erlebnissen hervor, welche die Drohung des Objektverlustes mit sich bringen. Die Melancholie kann darum in ihren Veranlassungen weit über die Trauer hinausgehen, welche in der Regel nur durch den Realverlust, den Tod des Objekts, ausgelöst wird. Es spinnt sich also bei der Melancholie eine Unzahl von Einzelkämpfen um das Objekt an, in denen Haß und Liebe miteinander ringen, die eine, um die Libido vom Objekt zu lösen, die andere, um diese Libidoposition gegen den Ansturm zu behaupten. [...] Die konstitutive Ambivalenz gehört an und für sich dem Verdrängten an, die traumatischen Erlebnisse mit dem Objekt mögen anderes Verdrängte aktiviert haben. So bleibt alles an diesen Ambivalenzkämpfen dem Bewußtsein entzogen, bis nicht der für die Melancholie charakteristische Ausgang eingetreten ist. Er besteht, wie wir wissen, darin, daß die bedrohte Libidobesetzung endlich das Objekt verläßt, aber nur, um sich auf die Stelle des Ichs, von der sie ausgegangen war, zurückzuziehen. Die Liebe hat sich so durch ihre Flucht ins Ich der Aufhebung entzogen. Nach dieser Regression der Libido kann der Vorgang bewußt werden und repräsentiert sich dem Bewußtsein als ein Konflikt zwischen einem Teil des Ichs und der kritischen Instanz.

Was das Bewußtsein von der melancholischen Arbeit erfährt, ist also nicht das wesentliche Stück derselben, auch nicht jenes, dem wir einen Einfluß auf die Lösung des Leidens Zutrauen können. Wir sehen, daß das Ich sich herabwürdigt und gegen sich wütet, und verstehen sowenig wie der Kranke, wozu das führen und wie sich das ändern kann. Dem unbewußten Stück der Arbeit können wir eine solche Leistung eher zuschreiben, weil es nicht schwerfällt, eine wesentliche Analogie zwischen der Arbeit der Melancholie und jener der Trauer herauszufinden. Wie die Trauer das Ich dazu bewegt, auf das Objekt zu verzichten, indem es das Objekt für tot erklärt und dem Ich die Prämie des Amlebenbleibens bietet, so lockert auch jeder einzelne Ambivalenzkampf die Fixierung der Libido an das Objekt, indem er dieses entwertet, herabsetzt, gleichsam auch erschlägt. Es ist die Möglichkeit gegeben, daß der Prozeß im *Ubw* zu Ende komme, sei es nachdem die Wut sich ausgetobt hat, sei es nachdem das Objekt als wertlos aufgegeben wurde. Es fehlt uns der Einblick, welche dieser beiden Möglichkeiten regelmäßig oder vorwiegend häufig der Melancholie ein Ende bereitet und wie diese Beendigung den weiteren Verlauf des Falles beeinflußt. Das Ich mag dabei die Befriedigung genießen, daß es sich als das Bessere, als dem Objekt überlegen anerkennen darf.

[...] Von den drei Voraussetzungen der Melancholie: Verlust des Objekts, Ambivalenz und Regression der Libido ins Ich, finden wir die beiden ersten bei den Zwangsvorwürfen nach Todesfällen wieder. Dort ist es die Ambivalenz, die unzweifelhaft die Triebfeder des Konflikts darstellt, und die Beobachtung zeigt, daß nach Ablauf desselben nichts von einem Triumph einer manischen Verfassung erübrigt. Wir werden so auf das dritte Moment als das einzig wirksame hingewiesen. Jene Anhäufung von zunächst gebundener Besetzung, welche nach Beendigung der melancholischen Arbeit frei wird und die Manie ermöglicht, muß mit der Regression der Libido auf den Narzißmus Zusammenhängen. Der Konflikt im Ich, den die Melancholie für den Kampf um das Objekt eintauscht, muß ähnlich wie eine schmerzhafte Wunde wirken, die eine außerordentlich hohe Gegenbesetzung in Anspruch nimmt. [...]

Jenseits des Lustprinzips

1920

I

In der psychoanalytischen Theorie nehmen wir unbedenklich an, daß der Ablauf der seelischen Vorgänge automatisch durch das Lustprinzip reguliert wird, das heißt, wir glauben, daß er jedesmal durch eine unlustvolle Spannung angeregt wird und dann eine solche Richtung einschlägt, daß sein Endergebnis mit einer Herabsetzung dieser Spannung, also mit einer Vermeidung von Unlust oder Erzeugung von Lust zusammenfällt. [...]

Die Tatsachen, die uns veranlaßt haben, an die Herrschaft des Lustprinzips im Seelenleben zu glauben, finden auch ihren Ausdruck in der Annahme, daß es ein Bestreben des seelischen Apparates sei, die in ihm vorhandene Quantität von Erregung möglichst niedrig oder wenigstens konstant zu erhalten. Es ist dasselbe, nur in andere Fassung gebracht, denn wenn die Arbeit des seelischen Apparates dahin geht, die Erregungsquantität niedrig zu halten, so muß alles, was dieselbe zu steigern geeignet ist, als funktionswidrig, das heißt als unlustvoll empfunden werden. [...]

[...] Wenn wir uns nun der Frage zuwenden, welche Umstände die Durchsetzung des Lustprinzips zu vereiteln vermögen, dann betreten wir wieder sicheren und bekannten Boden und können unsere analytischen Erfahrungen in reichem Ausmaße zur Beantwortung heranziehen.

Der erste Fall einer solchen Hemmung des Lustprinzips ist uns als ein gesetzmäßiger vertraut. Wir wissen, daß das Lustprinzip einer *primären* Arbeitsweise des seelischen Apparates eignet und daß es für die Selbstbehauptung des Organismus unter den Schwierigkeiten der Außenwelt so recht von Anfang an unbrauchbar, ja in hohem Grade gefährlich ist. Unter dem Einflusse der Selbsterhaltungstriebe des Ichs wird es vom *Realitätsprinzip* abgelöst, welches, ohne die Absicht endlicher Lustgewinnung aufzugeben, doch den Aufschub der Befriedigung, den Verzicht auf mancherlei Möglichkeiten einer solchen und die zeitweilige Duldung der Unlust auf dem langen Umwege zur Lust fordert und durchsetzt. Das Lustprinzip bleibt dann noch lange Zeit die Arbeitsweise der schwerer »erziehbaren« Sexualtriebe, und es kommt immer wieder vor, daß es, sei es von diesen letzteren aus, sei es im Ich selbst, das Realitätsprinzip zum Schaden des ganzen Organismus überwältigt.

Es ist indes unzweifelhaft, daß die Ablösung des Lustprinzips durch das Realitätsprinzip nur für einen geringen und nicht für den intensivsten Teil der Unlusterfahrungen verantwortlich gemacht werden kann. Eine andere, nicht weniger gesetzmäßige Quelle der Unlustentbindung ergibt sich aus den Konflikten und Spaltungen im seelischen Apparat, während das Ich seine Entwicklung zu höher zusammengesetzten Organisationen durchmacht. Fast alle Energie, die den Apparat erfüllt, stammt aus den mitgebrachten Triebregungen, aber diese werden nicht alle zu den gleichen Entwicklungsphasen zugelassen. Unterwegs geschieht es immer wieder, daß einzelne Triebe oder Triebanteile sich in ihren Zielen oder Ansprüchen als unverträglich mit den übrigen erweisen, die sich zu der umfassenden Einheit des Ichs zusammenschließen können. Sie werden dann von dieser Einheit durch den Prozeß der Verdrängung abgespalten, auf niedrigeren Stufen der psychischen Entwicklung zurückgehalten und zunächst von der Möglichkeit einer Befriedigung abgeschnitten. Gelingt es ihnen dann, was bei den verdrängten Sexualtrieben so leicht geschieht, sich auf Umwegen zu einer direkten oder Ersatzbefriedigung durchzuringen, so wird dieser Erfolg, der sonst eine Lustmöglichkeit gewesen wäre, vom Ich als Unlust empfunden.

[...] Die meiste Unlust, die wir verspüren, ist ja Wahrnehmungsunlust, entweder Wahrnehmung des Drängens unbefriedigter Triebe oder äußere Wahrnehmung, sei es, daß diese an sich peinlich ist oder daß sie unlustvolle Erwartungen im seelischen Apparat erregt, von ihm als »Gefahr« erkannt wird.

II

Nach schweren mechanischen Erschütterungen, Eisenbahnzusammenstößen und anderen, mit Lebensgefahr verbundenen Unfällen ist seit langem ein Zustand beschrieben worden, dem dann der Name »traumatische Neurose« verblieben ist. Der schreckliche, eben jetzt abgelaufene Krieg hat eine große Anzahl solcher Erkrankungen entstehen lassen und wenigstens der Versuchung ein Ende gesetzt, sie auf organische Schädigung des Nervensystems durch Einwirkung mechanischer Gewalt zurückzuführen. Das Zustandsbild der traumatischen Neurose nähert sich der Hysterie durch seinen Reichtum an ähnlichen motorischen Symptomen, übertrifft diese aber in der Regel durch die stark ausgebildeten Anzeichen subjektiven Leidens, etwa wie bei einer Hypochondrie oder Melancholie, und durch die Beweise einer weit umfassenderen allgemeinen Schwächung und Zerrüttung der seelischen Leistungen. Ein volles Verständnis ist bisher weder für die Kriegsneurosen noch für die traumatischen Neurosen des Friedens erzielt worden. Bei den Kriegsneurosen wirkte es einerseits aufklärend, aber doch wiederum verwirrend, daß dasselbe Krankheitsbild gelegentlich ohne Mithilfe einer groben mechanischen Gewalt zustande kam; an der gemeinen traumatischen Neurose heben sich zwei Züge hervor, an welche die Überlegung anknüpfen konnte, erstens, daß das Hauptgewicht der Verursachung auf das Moment der Überraschung, auf den Schreck, zu fallen schien, und zweitens, daß eine gleichzeitig erlittene Verletzung oder Wunde zumeist der Entstehung der Neurose entgegenwirkte. Schreck, Furcht, Angst werden mit Unrecht wie synonyme Ausdrücke gebraucht; sie lassen sich in ihrer Beziehung zur Gefahr gut auseinanderhalten. Angst bezeichnet einen gewissen Zustand wie Erwartung der Gefahr und Vorbereitung auf dieselbe, mag sie auch eine unbekannte sein; Furcht verlangt ein bestimmtes Objekt, vor dem man sich fürchtet; Schreck aber benennt den Zustand, in den man gerät, wenn man in Gefahr kommt, ohne auf sie vorbereitet zu sein, betont das Moment der Überraschung. Ich glaube nicht, daß die Angst eine traumatische Neurose erzeugen kann; an der Angst ist etwas, was gegen den Schreck und also auch gegen die Schreckneurose schützt. […]

Das Studium des Traumes dürfen wir als den zuverlässigsten Weg zur Erforschung der seelischen Tiefenvorgänge betrachten. Nun zeigt das Traumleben der traumatischen Neurose den Charakter, daß es den Kranken immer wieder in die Situation seines Unfalles zurückführt, aus der er mit neuem Schrecken erwacht. Darüber verwundert man sich viel zuwenig. Man meint, es sei eben ein Beweis für die Stärke des Eindruckes, den das traumatische Erlebnis gemacht hat, daß es sich dem Kranken sogar im Schlaf immer wieder aufdrängt. Der Kranke sei an das Trauma sozusagen psychisch fixiert. […]

[…] Wenn man es als selbstverständlich hinnimmt, daß der nächtliche Traum sie wieder in die krankmachende Situation versetzt, so verkennt man die Natur des Traumes. Dieser würde es eher entsprechen, dem Kranken Bilder aus der Zeit der Gesundheit oder der erhofften Genesung vorzuführen. Sollen wir durch die Träume der Unfallsneurotiker nicht an der wunscherfüllenden Tendenz des Traumes irre werden, so bleibt uns etwa noch die Auskunft, bei diesem Zustand sei wie so vieles andere auch die Traumfunktion erschüttert und von ihren Absichten abgelenkt worden, oder wir müßten der rätselhaften masochistischen Tendenzen des Ichs gedenken.

Ich mache nun den Vorschlag, das dunkle und düstere Thema der traumatischen Neurose zu verlassen und die Arbeitsweise des seelischen Apparates an einer seiner frühzeitigsten normalen Betätigungen zu studieren. Ich meine das Kinderspiel. [Es folgt die detailgenaue Schilderung eines Kindes, das mit einem Gegenstand das Verschwinden und Wiederkommen der Mutter nachspielt. Anm. d. Red.]

[...] Das war also das komplette Spiel, Verschwinden und Wiederkommen, wovon man zumeist nur den ersten Akt zu sehen bekam, und dieser wurde für sich allein unermüdlich als Spiel wiederholt, obwohl die größere Lust unzweifelhaft dem zweiten Akt anhing.

Die Deutung des Spieles lag dann nahe. Es war im Zusammenhang mit der großen kulturellen Leistung des Kindes, mit dem von ihm zustande gebrachten Triebverzicht (Verzicht auf Triebbefriedigung), das Fortgehen der Mutter ohne Sträuben zu gestatten. Es entschädigte sich gleichsam dafür, indem es dasselbe Verschwinden und Wiederkommen mit den ihm erreichbaren Gegenständen selbst in Szene setzte. Für die affektive Einschätzung dieses Spieles ist es natürlich gleichgültig, ob das Kind es selbst erfunden oder sich infolge einer Anregung zu eigen gemacht hatte. Unser Interesse wird sich einem anderen Punkte zuwenden. Das Fortgehen der Mutter kann dem Kinde unmöglich angenehm oder auch nur gleichgültig gewesen sein. Wie stimmt es also zum Lustprinzip, daß es dieses ihm peinliche Erlebnis als Spiel wiederholt? Man wird vielleicht antworten wollen, das Fortgehen müßte als Vorbedingung des erfreulichen Wiedererscheinens gespielt werden, im letzteren sei die eigentliche Spielabsicht gelegen. Dem würde die Beobachtung widersprechen, daß der erste Akt, das Fortgehen, für sich allein als Spiel inszeniert wurde, und zwar ungleich häufiger als das zum lustvollen Ende fortgeführte Ganze.

Die Analyse eines solchen einzelnen Falles ergibt keine sichere Entscheidung; bei unbefangener Betrachtung gewinnt man den Eindruck, daß das Kind das Erlebnis aus einem anderen Motiv zum Spiel gemacht hat. Es war dabei passiv, wurde vom Erlebnis betroffen und bringt sich nun in eine aktive Rolle, indem es dasselbe, trotzdem es unlustvoll war, als Spiel wiederholt. Dieses Bestreben könnte man einem Bemächtigungstrieb zurechnen, der sich davon unabhängig macht, ob die Erinnerung an sich lustvoll war oder nicht. Man kann aber auch eine andere Deutung versuchen. Das Wegwerfen des Gegenstandes, so daß er fort ist, könnte die Befriedigung eines im Leben unterdrückten Racheimpulses gegen die Mutter sein, weil sie vom Kinde fortgegangen ist, und dann die trotzige Bedeutung haben: »Ja, geh' nur fort, ich brauch' dich nicht, ich schick' dich selber weg.« [...] Wir wissen auch von anderen Kindern, daß sie ähnliche feindselige Regungen durch das Wegschleudern von Gegenständen an Stelle der Personen auszudrücken vermögen. Man gerät so in Zweifel, ob der Drang, etwas Eindrucksvolles psychisch zu verarbeiten, sich seiner voll zu bemächtigen, sich primär und unabhängig vom Lustprinzip äußern kann. Im hier diskutierten Falle könnte er einen unangenehmen Eindruck doch nur darum im Spiel wiederholen, weil mit dieser Wiederholung ein andersartiger, aber direkter Lustgewinn verbunden ist.

Auch die weitere Verfolgung des Kinderspieles hilft diesem unserem Schwanken zwischen zwei Auffassungen nicht ab. Man sieht, daß die Kinder alles im Spiele wiederholen, was ihnen im Leben großen Eindruck gemacht hat, daß sie dabei die Stärke des Eindruckes abreagieren und sich sozusagen zu Herren der Situation machen. Aber anderseits ist es klar genug, daß all ihr Spielen unter dem Einflusse des Wunsches steht, der diese ihre Zeit dominiert, des Wunsches: groß zu sein und so tun zu können wie die Großen. Man macht auch die Beobachtung, daß der

Unlustcharakter des Erlebnisses es nicht immer für das Spiel unbrauchbar macht. Wenn der Doktor dem Kinde in den Hals geschaut oder eine kleine Operation an ihm ausgeführt hat, so wird dies erschreckende Erlebnis ganz gewiß zum Inhalt des nächsten Spieles werden, aber der Lustgewinn aus anderer Quelle ist dabei nicht zu übersehen. Indem das Kind aus der Passivität des Erlebens in die Aktivität des Spielens übergeht, fügt es einem Spielgefährten das Unangenehme zu, das ihm selbst widerfahren war, und rächt sich so an der Person dieses Stellvertreters.

Aus diesen Erörterungen geht immerhin hervor, daß die Annahme eines besonderen Nachahmungstriebes als Motiv des Spielens überflüssig ist. Schließen wir noch die Mahnungen an, daß das künstlerische Spielen und Nachahmen der Erwachsenen, das zum Unterschied vom Verhalten des Kindes auf die Person des Zuschauers zielt, diesem die schmerzlichsten Eindrücke zum Beispiel in der Tragödie nicht erspart und doch von ihm als hoher Genuß empfunden werden kann. Wir werden so davon überzeugt, daß es auch unter der Herrschaft des Lustprinzips Mittel und Wege genug gibt, um das an sich Unlustvolle zum Gegenstand der Erinnerung und seelischen Bearbeitung zu machen. [...]

III

Fünfundzwanzig Jahre intensiver Arbeit haben es mit sich gebracht, daß die nächsten Ziele der psychoanalytischen Technik heute ganz andere sind als zu Anfang. Zuerst konnte der analysierende Arzt nichts anderes anstreben, als das dem Kranken verborgene Unbewußte zu erraten, zusammenzusetzen und zur rechten Zeit mitzuteilen. Die Psychoanalyse war vor allem eine Deutungskunst. Da die therapeutische Aufgabe dadurch nicht gelöst war, trat sofort die nächste Absicht auf, den Kranken zur Bestätigung der Konstruktion durch seine eigene Erinnerung zu nötigen. Bei diesem Bemühen fiel das Hauptgewicht auf die Widerstände des Kranken; die Kunst war jetzt, diese baldigst aufzudecken, dem Kranken zu zeigen und ihn durch menschliche Beeinflussung (hier die Stelle für die als »Übertragung« wirkende Suggestion) zum Aufgeben der Widerstände zu bewegen.

Dann aber wurde es immer deutlicher, daß das gesteckte Ziel, die Bewußtwerdung des Unbewußten, auch auf diesem Wege nicht voll erreichbar ist. Der Kranke kann von dem in ihm Verdrängten nicht alles erinnern, vielleicht gerade das Wesentliche nicht, und erwirbt so keine Überzeugung von der Richtigkeit der ihm mitgeteilten Konstruktion. Er ist vielmehr genötigt, das Verdrängte als gegenwärtiges Erlebnis zu *wiederholen*, anstatt es, wie der Arzt es lieber sähe, als ein Stück der Vergangenheit zu *erinnern*. Diese mit unerwünschter Treue auftretende Reproduktion hat immer ein Stück des infantilen Sexuallebens, also des Ödipuskomplexes und seiner Ausläufer, zum Inhalt und spielt sich regelmäßig auf dem Gebiete der Übertragung, das heißt der Beziehung zum Arzt ab. Hat man es in der Behandlung so weit gebracht, so kann man sagen, die frühere Neurose sei nun durch eine frische Übertragungsneurose ersetzt. Der Arzt hat sich bemüht, den Bereich dieser Übertragungsneurose möglichst einzuschränken, möglichst viel in die Erinnerung zu drängen und möglichst wenig zur Wiederholung zuzulassen. Das Verhältnis, das sich zwischen Erinnerung und Reproduktion herstellt, ist für jeden Fall ein anderes. In der Regel kann der Arzt dem Analysierten diese Phase der Kur nicht ersparen; er muß ihn ein gewisses Stück seines vergessenen Lebens wiedererleben lassen und hat dafür zu sorgen, daß ein Maß von Überlegenheit erhalten bleibt, kraft dessen die anscheinende Realität doch immer wieder als Spiegelung einer vergessenen Vergangenheit erkannt wird. Gelingt dies, so ist die Überzeugung des

Kranken und der von ihr abhängige therapeutische Erfolg gewonnen.

[...] Das Unbewußte, das heißt das »Verdrängte«, leistet den Bemühungen der Kur überhaupt keinen Widerstand, es strebt ja selbst nichts anderes an, als gegen den auf ihm lastenden Druck zum Bewußtsein oder zur Abfuhr durch die reale Tat durchzudringen. Der Widerstand in der Kur geht von denselben höheren Schichten und Systemen des Seelenlebens aus, die seinerzeit die Verdrängung durchgeführt haben. [...]

Es ist kein Zweifel, daß der Widerstand des bewußten und vorbewußten Ichs im Dienste des Lustprinzips steht, er will ja die Unlust ersparen, die durch das Freiwerden des Verdrängten erregt würde, und unsere Bemühung geht dahin, solcher Unlust unter Berufung auf das Realitätsprinzip Zulassung zu erwirken. In welcher Beziehung zum Lustprinzip steht aber der Wiederholungszwang, die Kraftäußerung des Verdrängten? Es ist klar, daß das meiste, was der Wiederholungszwang wiedererleben läßt, dem Ich Unlust bringen muß, denn er fördert ja Leistungen verdrängter Triebregungen zutage, aber das ist Unlust, die wir schon gewürdigt haben, die dem Lustprinzip nicht widerspricht, Unlust für das eine System und gleichzeitig Befriedigung für das andere. Die neue und merkwürdige Tatsache aber, die wir jetzt zu beschreiben haben, ist, daß der Wiederholungszwang auch solche Erlebnisse der Vergangenheit wiederbringt, die keine Lustmöglichkeit enthalten, die auch damals nicht Befriedigungen, selbst nicht von seither verdrängten Triebregungen, gewesen sein können.

[...] Die Sexualforschung, der durch die körperliche Entwicklung des Kindes Schranken gesetzt werden, brachte es zu keinem befriedigenden Abschluß; daher die spätere Klage: »Ich kann nichts fertigbringen, mir kann nichts gelingen.« Die zärtliche Bindung, meist an den gegengeschlechtlichen Elternteil, erlag der Enttäuschung, dem vergeblichen Warten auf Befrie-

[digung] der Eifersucht bei der Geburt eines neuen Kindes, die unzweideutig die Untreue des oder der Geliebten erwies; der eigene mit tragischem Ernst unternommene Versuch, selbst ein solches Kind zu schaffen, mißlang in beschämender Weise; die Abnahme der dem Kleinen gespendeten Zärtlichkeit, der gesteigerte Anspruch der Erziehung, ernste Worte und eine gelegentliche Bestrafung hatten endlich den ganzen Umfang der ihm zugefallenen *Verschmähung* enthüllt. Es gibt hier einige wenige Typen, die regelmäßig wiederkehren, wie der typischen Liebe dieser Kinderzeit ein Ende gesetzt wird.

Alle diese unerwünschten Anlässe und schmerzlichen Affektlagen werden nun vom Neurotiker in der Übertragung wiederholt und mit großem Geschick neu belebt. Sie streben den Abbruch der unvollendeten Kur an, sie wissen sich den Eindruck der Verschmähung wieder zu verschaffen, den Arzt zu harten Worten und kühlem Benehmen gegen sie zu nötigen, sie finden die geeigneten Objekte für ihre Eifersucht, sie ersetzen das heiß begehrte Kind der Urzeit durch den Vorsatz oder das Versprechen eines großen Geschenkes, das meist ebensowenig real wird wie jenes. Nichts von alledem konnte damals lustbringend sein; man sollte meinen, es müßte heute die geringere Unlust bringen, wenn es als Erinnerung oder in Träumen auftauchte, als wenn es sich zu neuem Erlebnis gestaltete. Es handelt sich natürlich um die Aktion von Trieben, die zur Befriedigung führen sollten, allein die Erfahrung, daß sie anstatt dessen auch damals nur Unlust brachten, hat nichts gefruchtet. Sie wird trotzdem wiederholt; ein Zwang drängt dazu.

Dasselbe, was die Psychoanalyse an den Übertragungsphänomenen der Neurotiker aufzeigt, kann man auch im Leben nicht neurotischer Personen wiederfinden. Es macht bei diesen den Eindruck eines sie verfolgenden Schicksals, eines dämonischen Zuges in ihrem Erleben, und die Psychoanalyse hat vom Anfang an solches Schicksal für zum großen Teil selbstbereitet und durch frühinfantile Einflüsse determiniert gehalten. Der Zwang, der sich dabei äußert, ist vom Wiederholungszwang der Neurotiker nicht verschieden, wenngleich diese Personen niemals die Zeichen eines durch Symptombildung erledigten neurotischen Konflikts geboten haben. So kennt man Personen, bei denen jede menschliche Beziehung den gleichen Ausgang nimmt: Wohltäter, die von jedem ihrer Schützlinge nach einiger Zeit im Groll verlassen werden, so verschieden diese sonst auch sein mögen, denen also bestimmt scheint, alle Bitterkeit des Undankes auszukosten; Männer, bei denen jede Freundschaft den Ausgang nimmt, daß der Freund sie verrät; andere, die es unbestimmt oft in ihrem Leben wiederholen, eine andere Person zur großen Autorität für sich oder auch für die Öffentlichkeit zu erheben, und diese Autorität dann nach abgemessener Zeit selbst stürzen, um sie durch eine neue zu ersetzen; Liebende, bei denen jedes zärtliche Verhältnis zum Weibe dieselben Phasen durchmacht und zum gleichen Ende führt usw. Wir verwundern uns über diese »ewige Wiederkehr des Gleichen« nur wenig, wenn es sich um ein *aktives* Verhalten des Betreffenden handelt und wenn wir den sich gleichbleibenden Charakterzug seines Wesens auffinden, der sich in der Wiederholung der nämlichen Erlebnisse äußern muß. Weit stärker wirken jene Fälle auf uns, bei denen die Person etwas *passiv* zu erleben scheint, worauf ihr ein Einfluß nicht zusteht, während sie doch immer nur die Wiederholung desselben Schicksals erlebt. [...]

Angesichts solcher Beobachtungen aus dem Verhalten in der Übertragung und aus dem Schicksal der Menschen werden wir den Mut zur Annahme finden, daß es im Seelenleben wirklich einen Wiederholungszwang gibt, der sich über das Lustprinzip hinausetzt. Wir werden auch jetzt geneigt sein, die Träume der Unfallsneurotiker und den Antrieb zum Spiel des Kindes auf diesen Zwang zu beziehen. Allerdings müssen wir uns sagen, daß wir die Wirkungen des Wiederholungszwanges nur in seltenen Fällen rein, ohne Mithilfe anderer Motive, erfassen können. Beim Kinderspiel haben wir bereits hervorgehoben, welche andere Deutungen seine Entstehung zuläßt. Wiederholungszwang und direkte lustvolle Triebbefriedigung scheinen sich dabei zu intimer Gemeinsamkeit zu verschränken. Die Phänomene der Übertragung stehen offenkundig im Dienste des Widerstandes von seiten des auf der Verdrängung beharrenden Ichs; der Wiederholungszwang, den sich die Kur dienstbar machen wollte, wird gleichsam vom Ich, das am Lustprinzip festhalten will, auf seine Seite gezogen. An dem, was man den Schicksalszwang nennen könnte, scheint uns vieles durch die rationelle Erwägung verständlich, so daß man ein Bedürfnis nach der Aufstellung eines neuen geheimnisvollen Motivs nicht verspürt. Am unverdächtigsten ist vielleicht der Fall der Unfallsträume, aber bei näherer Überlegung muß man doch zugestehen, daß auch in den anderen Beispielen der Sachverhalt durch die Leistung der uns bekannten Motive nicht gedeckt wird. Es bleibt genug übrig, was die Annahme des Wiederholungszwanges rechtfertigt, und dieser erscheint uns ursprünglicher, elementarer, triebhafter als das von ihm zur Seite geschobene Lustprinzip. Wenn es aber einen solchen Wiederholungszwang im Seelischen gibt, so möchten wir gerne etwas darüber wissen, welcher Funktion er entspricht, unter welchen Bedingungen er hervortreten kann und in welcher Beziehung er zum Lustprinzip steht, dem wir doch bisher die Herrschaft über den Ablauf der Erregungsvorgänge im Seelenleben zugetraut haben.

Massenpsychologie und
Ich-Analyse

1921

V
ZWEI KÜNSTLICHE MASSEN: KIRCHE UND HEER

Aus der Morphologie der Massen rufen wir uns ins Gedächtnis, daß man sehr verschiedene Arten von Massen und gegensätzliche Richtungen in ihrer Ausbildung unterscheiden kann. Es gibt sehr flüchtige Massen und höchst dauerhafte; homogene, die aus gleichartigen Individuen bestehen, und nicht homogene; natürliche Massen und künstliche, die zu ihrem Zusammenhalt auch einen äußeren Zwang erfordern; primitive Massen und gegliederte, hoch organisierte. Aus Gründen aber, in welche die Einsicht noch verhüllt ist, möchten wir auf eine Unterscheidung besonderen Wert legen, die bei den Autoren eher zu wenig beachtet wird; ich meine die von führerlosen Massen und von solchen mit Führern. [...]

Kirche und Heer sind künstliche Massen, das heißt es wird ein gewisser äußerer Zwang aufgewendet, um sie vor der Auflösung zu bewahren und Veränderungen in ihrer Struktur hintanzuhalten. Man wird in der Regel nicht befragt oder es wird einem nicht freigestellt, ob man in eine solche Masse eintreten will; der Versuch des Austrittes wird gewöhnlich verfolgt oder streng bestraft oder ist an ganz bestimmte Bedingungen geknüpft. [...]

In der Kirche – wir können mit Vorteil die katholische Kirche zum Muster nehmen – gilt wie im Heer, so verschieden beide sonst sein mögen, die nämliche Vorspiegelung (Illusion), daß ein Oberhaupt da ist – in der katholischen Kirche Christus, in der Armee der Feldherr –, das alle Einzelnen der Masse mit der gleichen Liebe liebt. An dieser Illusion hängt alles; ließe man sie fallen, so zerfielen sofort, soweit der äußere Zwang es gestattete, Kirche wie Heer. Von Christus wird diese gleiche Liebe ausdrücklich ausgesagt: Was ihr getan habt einem unter diesen meinen geringsten Brüdern, das habt ihr mir getan. Er steht zu den Einzelnen der gläubigen Masse im Verhältnis eines gütigen älteren Bruders, ist ihnen ein Vaterersatz. Alle Anforderungen an die Einzelnen leiten sich von dieser Liebe Christi ab. Ein demokratischer Zug geht durch die Kirche, eben weil vor Christus alle gleich sind, alle den gleichen Anteil an seiner Liebe haben. Nicht ohne tiefen Grund wird die Gleichartigkeit der christlichen Gemeinde mit einer Familie heraufbeschworen und nennen sich die Gläubigen Brüder in Christo, das heißt Brüder durch die Liebe, die Christus für sie hat. Es ist nicht zu bezweifeln, daß die Bindung jedes Einzelnen an Christus auch die Ursache ihrer Bindung untereinander ist. Ähnliches gilt für das Heer; der Feldherr ist der Vater, der alle seine Soldaten gleich liebt, und darum sind sie Kameraden untereinander. Das Heer unterscheidet sich strukturell von der Kirche darin, daß es aus einem Stufenbau von solchen Massen besteht. Jeder Hauptmann ist gleichsam der Feldherr und Vater seiner Abteilung, jeder Unteroffizier der seines Zuges. Eine ähnliche Hierarchie ist zwar auch in der Kirche ausgebildet, spielt aber in ihr nicht dieselbe ökonomische Rolle, da man Christus mehr Wissen und Bekümmern um die Einzelnen zuschreiben darf als dem menschlichen Feldherrn. [...]

Merken wir an, daß in diesen beiden künstlichen Massen jeder Einzelne einerseits an den Führer (Christus, Feldherrn), anderseits an die anderen Massenindividuen libidinös gebunden ist. Wie sich diese beiden Bindungen zueinander verhalten, ob sie gleichartig und gleichwertig sind und wie sie psychologisch zu beschreiben wären, das müssen wir einer späteren Untersuchung vorbehalten. Wir getrauen uns aber jetzt schon eines leisen Vorwurfes gegen die Autoren, daß sie die Bedeutung des

Führers für die Psychologie der Masse nicht genügend gewürdigt haben, [...]. [...]

[...] [E]s gehört geradezu zum Wesen der Panik, daß sie nicht im Verhältnis zur drohenden Gefahr steht, oft bei den nichtigsten Anlässen ausbricht. Wenn der Einzelne in panischer Angst für sich selbst zu sorgen unternimmt, so bezeugt er damit die Einsicht, daß die affektiven Bindungen aufgehört haben, die bis dahin die Gefahr für ihn herabsetzten. Nun, da er der Gefahr allein entgegensteht, darf er sie allerdings höher einschätzen. Es verhält sich also so, daß die panische Angst die Lockerung in der libidinösen Struktur der Masse voraussetzt und in berechtigter Weise auf sie reagiert, nicht umgekehrt, daß die Libidobindungen der Masse an der Angst vor der Gefahr zugrunde gegangen wären. [...]

Wenn man die Panik wie [William] Mc Dougall als eine der deutlichsten Leistungen der »group mind« beschreibt, gelangt man zum Paradoxon, daß sich diese Massenseele in einer ihrer auffälligsten Äußerungen selbst aufhebt. Es ist kein Zweifel möglich, daß die Panik die Zersetzung der Masse bedeutet, sie hat das Aufhören aller Rücksichten zur Folge, welche sonst die Einzelnen der Masse füreinander zeigen.

Der typische Anlass für den Ausbruch einer Panik ist so ähnlich, wie er in der Nestroy'schen Parodie des Hebbel'schen Dramas von Judith und Holofernes dargestellt wird. Da schreit ein Krieger: »Der Feldherr hat den Kopf verloren«, und darauf ergreifen alle Assyrer die Flucht. Der Verlust des Führers in irgendeinem Sinne, das Irrewerden an ihm, bringt die Panik bei gleichbleibender Gefahr zum Ausbruch; mit der Bindung an den Führer schwinden – in der Regel – auch die gegenseitigen Bindungen der Massenindividuen. Die Masse zerstiebt wie ein Bologneser Fläschchen, dem man die Spitze abgebrochen hat.

Die Zersetzung einer religiösen Masse ist nicht so leicht zu beobachten. Vor Kurzem geriet mir ein von katholischer Seite stammender, vom Bischof von London empfohlener englischer Roman in die Hand mit dem Titel: »When it was dark«, der eine solche Möglichkeit und ihre Folgen in geschickter und, wie ich meine, zutreffender Weise ausmalte. Der Roman erzählt wie aus der Gegenwart, daß es einer Verschwörung von Feinden der Person Christi und des christlichen Glaubens gelingt, eine Grabkammer in Jerusalem auffinden zu lassen, in deren Inschrift Josef von Arimathäa bekennt, daß er aus Gründen der Pietät den Leichnam Christi am dritten Tag nach seiner Beisetzung heimlich aus seinem Grab entfernt und hier bestattet habe. Damit sind die Auferstehung Christi und seine göttliche Natur abgetan, und die Folge dieser archäologischen Entdeckung ist eine Erschütterung der europäischen Kultur und eine außerordentliche Zunahme aller Gewalttaten und Verbrechen, die erst schwindet, nachdem das Komplott der Fälscher enthüllt werden kann.

Was bei der hier angenommenen Zersetzung der religiösen Masse zum Vorschein kommt, ist nicht Angst, für welche der Anlass fehlt, sondern rücksichtslose und feindselige Impulse gegen andere Personen, die sich bis dahin dank der gleichen Liebe Christi nicht äußern konnten. Außerhalb dieser Bindung stehen aber auch während des Reiches Christi jene Individuen, die nicht zur Glaubensgemeinschaft gehören, die ihn nicht lieben und die er nicht liebt; darum muss eine Religion, auch wenn sie sich die Religion der Liebe heißt, hart und lieblos gegen diejenigen sein, die ihr nicht angehören. Im Grunde ist ja jede Religion eine solche Religion der Liebe für alle, die sie umfasst, und jeder liegt Grausamkeit und Intoleranz gegen die nicht Dazugehörigen nahe. Man darf, so schwer es einem auch persönlich fällt, den Gläubigen daraus keinen zu argen Vorwurf machen; Ungläubige und Indifferente haben es in diesem Punkt psychologisch um so viel leichter. Wenn diese Intoleranz sich heute nicht mehr so gewalttätig und grausam kundgibt wie in früheren Jahrhunderten, so wird man daraus kaum auf eine Milderung in den Sitten der Menschen schließen dürfen. Weit eher ist die Ursache davon in der unleugbaren Abschwächung der religiösen Gefühle und der von ihnen abhängigen libidinösen Bindungen zu suchen. Wenn eine andere Massenbindung an die Stelle der religiösen tritt, wie es jetzt der sozialistischen zu gelingen scheint, so wird sich dieselbe Intoleranz gegen die Außenstehenden ergeben wie im Zeitalter der Religionskämpfe, und wenn die Differenzen wissenschaftlicher Anschauungen je eine ähnliche Bedeutung für die Massen gewinnen könnten, würde sich dasselbe Resultat auch für diese Motivierung wiederholen.

IX
Der Herdentrieb

[…] Wir dürfen uns sagen, die ausgiebigen affektiven Bindungen, die wir in der Masse erkennen, reichen voll aus, um einen ihrer Charaktere zu erklären: den Mangel an Selbstständigkeit und Initiative beim Einzelnen, die Gleichartigkeit seiner Reaktion mit der aller anderen, sein Herabsinken zum Massenindividuum sozusagen. Aber die Masse zeigt, wenn wir sie als Ganzes ins Auge fassen, mehr: Die Züge von Schwächung der intellektuellen Leistung, von Ungehemmtheit der Affektivität, die Unfähigkeit zur Mäßigung und zum Aufschub, die Neigung zur Überschreitung aller Schranken in der Gefühlsäußerung und zur vollen Abfuhr derselben in Handlung, dies und alles Ähnliche, was wir bei [Gustave]Le Bon so eindrucksvoll geschildert finden, ergibt ein unverkennbares Bild von Regression der seelischen Tätigkeit auf eine frühere Stufe, wie wir sie bei Wilden oder bei Kindern zu finden nicht erstaunt sind. Eine solche Regression gehört insbesondere zum Wesen der gemeinen Massen, während sie, wie wir gehört haben, bei hoch organisierten, künstlichen, weitgehend hintangehalten werden kann.

[...] Wir werden daran erinnert, wie viel von diesen Phänomenen der Abhängigkeit zur normalen Konstitution der menschlichen Gesellschaft gehört, wie wenig Originalität und persönlicher Mut sich in ihr findet, wie sehr jeder Einzelne durch die Einstellungen einer Massenseele beherrscht wird, die sich als Rasseneigentümlichkeiten, Standesvorurteile, öffentliche Meinung und dergleichen kundgeben. Das Rätsel des suggestiven Einflusses vergrößert sich für uns, wenn wir zugeben, daß ein solcher nicht allein vom Führer, sondern auch von jedem Einzelnen auf jeden Einzelnen geübt wird, und wir machen uns den Vorwurf, daß wir die Beziehung zum Führer einseitig herausgehoben, den anderen Faktor der gegenseitigen Suggestion aber ungebührend zurückgedrängt haben. [...]

Das soziale Gefühl ruht also auf der Umwendung eines erst feindseligen Gefühls in eine positiv betonte Bindung von der Natur einer Identifizierung. Soweit wir den Hergang bis jetzt durchschauen können, scheint sich diese Umwendung unter dem Einfluß einer gemeinsamen zärtlichen Bindung an eine außer der Masse stehende Person zu vollziehen. Unsere Analyse der Identifizierung erscheint uns selbst nicht als erschöpfend, aber unserer gegenwärtigen Absicht genügt es, wenn wir auf den einen Zug, daß die konsequente Durchführung der Gleichstellung gefordert wird, zurückkommen. Wir haben bereits bei der Erörterung der beiden künstlichen Massen, Kirche und Armee, gehört, ihre Voraussetzung sei, daß alle von einem, dem Führer, in gleicher Weise geliebt werden. Nun vergessen wir aber nicht, daß die Gleichheitsforderung der Masse nur für die Einzelnen derselben, nicht für den Führer gilt. Alle Einzelnen sollen einander gleich sein, aber alle wollen sie von einem beherrscht werden. Viele Gleiche, die sich miteinander identifizieren können, und ein einziger, ihnen allen Überlegener, das ist die Situation, die wir in der lebensfähigen Masse verwirklicht finden. Getrauen wir uns also, die Aussage Trotters, der Mensch sei ein Herdentier, dahin zu korrigieren, er sei vielmehr ein Hordentier, ein Einzelwesen einer von einem Oberhaupt angeführten Horde.

X
DIE MASSE UND DIE URHORDE

[...] Der Urvater der Horde war noch nicht unsterblich, wie er es später durch Vergottung wurde. Wenn er starb, musste er ersetzt werden; an seine Stelle trat wahrscheinlich ein jüngster Sohn, der bis dahin Massenindividuum gewesen war wie ein anderer. Es muss also eine Möglichkeit geben, die Psychologie der Masse in Individualpsychologie umzuwandeln, es muss eine Bedingung gefunden werden, unter der sich solche Umwandlung leicht vollzieht, ähnlich wie es den Bienen möglich ist, aus einer Larve im Bedarfsfall eine Königin anstatt einer Arbeiterin zu ziehen. Man kann sich da nur dies Eine vorstellen: Der Urvater hatte seine Söhne an der Befriedigung ihrer direkten sexuellen Strebungen verhindert; er zwang sie zur Abstinenz und infolgedessen zu den Gefühlsbindungen an ihn und aneinander, die aus den Strebungen mit gehemmtem Sexualziel hervorgehen konnten. Er zwang sie sozusagen in die Massenpsychologie. Seine sexuelle Eifersucht und Intoleranz sind in letzter Linie die Ursache der Massenpsychologie geworden.

Für den, der sein Nachfolger wurde, war auch die Möglichkeit der sexuellen Befriedigung gegeben und damit der Austritt aus den Bedingungen der Massenpsychologie eröffnet. [...]

Heben wir noch als besonders lehrreich hervor, in welcher Beziehung zur Konstitution der Urhorde die Veranstaltung steht, mittels derer – abgesehen von Zwangsmitteln – eine künstliche Masse zusammengehalten wird. Bei Heer und Kirche haben wir gesehen, es ist die Vorspiegelung, daß der Führer alle Einzelnen in gleicher und gerechter Weise liebt. Dies ist aber geradezu die idealistische Umarbeitung der Verhältnisse der Urhorde, in der sich alle Söhne in gleicher Weise vom Urvater verfolgt wussten und ihn in gleicher Weise fürchteten. Schon die nächste Form der menschlichen Sozietät, der totemistische Clan, hat diese Umformung, auf die alle sozialen Pflichten aufgebaut sind, zur Voraussetzung. Die unverwüstliche Stärke der Familie als einer natürlichen Massenbildung beruht darauf, daß diese notwendige Voraussetzung der gleichen Liebe des Vaters für sie wirklich zutreffen kann. [...]

Der unheimliche, zwanghafte Charakter der Massenbildung, der sich in ihren Suggestionserscheinungen zeigt, kann also wohl mit Recht auf ihre Abkunft von der Urhorde zurückgeführt werden. Der Führer der Masse ist noch immer der gefürchtete Urvater, die Masse will immer noch von unbeschränkter Gewalt beherrscht werden, sie ist im höchsten Grade autoritätssüchtig, hat nach Le Bons Ausdruck den Durst nach Unterwerfung. Der Urvater ist das Massenideal, das an Stelle des Ichideals das Ich beherrscht. Die Hypnose hat ein gutes Anrecht auf die Bezeichnung: eine Masse zu zweit; für die Suggestion erübrigt die Definition einer Überzeugung, die nicht auf Wahrnehmung und Denkarbeit, sondern auf erotische Bindung gegründet ist.

Das Ich und das Es

1923

IV
Die beiden Triebarten

[...] Dass man zwei Triebarten zu unterscheiden hat, von denen die eine, Sexualtriebe oder Eros, die bei Weitem auffälligere und der Kenntnis zugänglichere ist. Sie umfasst nicht nur den eigentlichen ungehemmten Sexualtrieb und die von ihm abgeleiteten zielgehemmten und sublimierten Triebregungen, sondern auch den Selbsterhaltungstrieb, den wir dem Ich zuschreiben müssen und den wir zu Anfang der analytischen Arbeit mit guten Gründen den sexuellen Objekttrieben gegenübergestellt hatten. Die zweite Triebart aufzuzeigen, bereitete uns Schwierigkeiten; endlich kamen wir darauf, den Sadismus als Repräsentanten derselben anzusehen. Aufgrund theoretischer, durch die Biologie gestützter Überlegungen supponierten wir einen Todestrieb, dem die Aufgabe gestellt ist, das organische Lebende in den leblosen Zustand zurückzuführen, während der Eros das Ziel verfolgt, das Leben durch immer weiter greifende Zusammenfassung der in Partikel zersprengten lebenden Substanz zu komplizieren, natürlich es dabei zu erhalten. Beide Triebe benehmen sich dabei im strengsten Sinne konservativ, indem sie die Wiederherstellung eines durch die Entstehung des Lebens gestörten Zustandes anstreben. Die Entstehung des Lebens wäre also die Ursache des Weiterlebens und gleichzeitig auch des Strebens nach dem Tode, das Leben selbst ein Kampf und Kompromiss zwischen diesen beiden Strebungen. [...]

In welcher Weise sich Triebe der beiden Arten miteinander verbinden, vermischen, legieren, wäre noch ganz unvorstellbar; dass dies aber regelmäßig und in großem Ausmaß geschieht, ist eine in unserem Zusammenhang unabweisbare Annahme. [...]

Haben wir einmal die Vorstellung von einer Mischung der beiden Triebarten angenommen, so drängt sich uns auch die Möglichkeit einer – mehr oder minder vollständigen – Entmischung derselben auf. [...] In rascher Verallgemeinerung möchten wir vermuten, dass das Wesen einer Libidoregression, zum Beispiel von der genitalen zur sadistisch-analen Phase, auf einer Triebentmischung beruht, wie umgekehrt der Fortschritt von der früheren zur definitiven Genitalphase einen Zuschuss von erotischen Komponenten zur Bedingung hat. [...]

[...] Für den Gegensatz der beiden Triebarten dürfen wir die Polarität von Liebe und Hass einsetzen. Um eine Repräsentanz des Eros sind wir ja nicht verlegen, dagegen sehr zufrieden, dass wir für den schwer zu fassenden Todestrieb im Destruktionstrieb, dem der Hass den Weg zeigt, einen Vertreter aufzeigen können.

Nun lehrt uns die klinische Beobachtung, dass der Hass nicht nur der unerwartet regelmäßige Begleiter der Liebe ist (Ambivalenz), nicht nur häufig ihr Vorläufer in menschlichen Beziehungen, sondern auch, dass Hass sich unter mancherlei Verhältnissen in Liebe und Liebe in Hass verwandelt. Wenn diese Verwandlung mehr ist als bloß zeitliche Sukzession, also Ablösung, dann ist offenbar einer so grundlegenden Unterscheidung wie zwischen erotischen und Todestrieben, die entgegengesetzt laufende physiologische Vorgänge voraussetzt, der Boden entzogen. [...]

[...] Die feindselige Einstellung hat keine Aussicht auf Befriedigung, daher – aus ökonomischen Motiven also – wird sie von der Liebeseinstellung abgelöst, welche mehr Aussicht auf Befriedigung, das ist Abfuhrmöglichkeit, bietet. [...]

[...] Die erotischen Triebe erscheinen uns ja überhaupt plastischer, ablenkbarer und verschiebbarer als die Destruktionstriebe. Dann kann man ohne Zwang fortsetzen, dass diese verschiebbare Libido im Dienst des Lustprinzips arbeitet, um Stauungen zu vermeiden und Abfuhren zu erleichtern. Dabei ist eine gewisse Gleichgültigkeit, auf welchem Wege die Abfuhr geschieht, wenn sie nur überhaupt geschieht, unverkennbar. Wir kennen diesen Zug als charakteristisch für die Besetzungsvorgänge im Es. […]

[…] Daher die Ähnlichkeit des Zustandes nach der vollen Sexualbefriedigung mit dem Sterben, bei niederen Tieren das Zusammenfallen des Todes mit dem Zeugungsakt. Diese Wesen sterben an der Fortpflanzung, insofern nach der Ausschaltung des Eros durch die Befriedigung der Todestrieb freie Hand bekommt, seine Absichten durchzusetzen. Endlich erleichtert, wie wir gehört haben, das Ich dem Es die Bewältigungsarbeit, indem es Anteile der Libido für sich und seine Zwecke sublimiert.

Einige psychologische Folgen des anatomischen Geschlechtsunterschieds

1923

Einige psychologische Folgen des anatomischen Geschlechtsunterschieds

Meine und meiner Schüler Arbeiten vertreten mit stetig wachsender Entschiedenheit die Forderung, daß die Analyse der Neurotiker auch die erste Kindheitsperiode, die Zeit der Frühblüte des Sexuallebens, durchdringen müsse. Nur wenn man die ersten Äußerungen der mitgebrachten Triebkonstitution und die Wirkungen der frühesten Lebenseindrücke erforscht, kann man die Triebkräfte der späteren Neurose richtig erkennen und ist gesichert gegen die Irrtümer, zu denen man durch die Umbildungen und Überlagerungen der Reifezeit verlockt würde. [...]

Wenn wir die ersten psychischen Gestaltungen des Sexuallebens beim Kinde untersuchten, nahmen wir regelmäßig das männliche Kind, den kleinen Knaben, zum Objekt. Beim kleinen Mädchen, meinten wir, müsse es ähnlich zugehen, aber doch in irgendeiner Weise anders. An welcher Stelle des Entwicklungsganges diese Verschiedenheit zu finden ist, das wollte sich nicht klar ergeben.

Die Situation des Ödipuskomplexes ist die erste Station, die wir beim Knaben mit Sicherheit erkennen. Sie ist uns leicht verständlich, weil in ihr das Kind an demselben Objekt festhält, das es bereits in der vorhergehenden Säuglings- und Pflegeperiode mit seiner noch nicht genitalen Libido besetzt hatte. Auch daß es dabei den Vater als störenden Rivalen empfindet, den es beseitigen und ersetzen möchte, leitet sich glatt aus den realen Verhältnissen ab. Daß die Ödipus-Einstellung des Knaben der phallischen Phase angehört und an der Kastrationsangst, also am narzißtischen Interesse für das Genitale, zugrunde geht, habe ich an anderer Stelle ausgeführt. Eine Erschwerung des Verständnisses ergibt sich aus der Komplikation, daß der Ödipuskomplex selbst beim Knaben doppelsinnig angelegt ist, aktiv und passiv, der bisexuellen Anlage entsprechend. Der Knabe will auch als Liebesobjekt des Vaters die Mutter ersetzen, was wir als feminine Einstellung bezeichnen.

[...] Ein anderes Element dieser Vorzeit ist die, wie ich meine, nie ausbleibende masturbatorische Betätigung am Genitale, die frühkindliche Onanie, deren mehr oder minder gewalttätige Unterdrückung von seiten der Pflegepersonen den Kastrationskomplex aktiviert. Wir nehmen an, daß diese Onanie am Ödipuskomplex hängt und die Abfuhr seiner Sexualerregung bedeutet. [...] Endlich läßt uns die Analyse schattenhaft erkennen, wie eine Belauschung des elterlichen Koitus in sehr früher Kinderzeit die erste sexuelle Erregung setzen und durch ihre nachträglichen Wirkungen der Ausgangspunkt für die ganze Sexualentwicklung werden kann. [...]

Der Ödipuskomplex des kleinen Mädchens birgt ein Problem mehr als der des Knaben. Die Mutter war anfänglich beiden das erste Objekt, wir haben uns nicht zu verwundern, wenn der Knabe es für den Ödipuskomplex beibehält. Aber wie kommt das Mädchen dazu, es aufzugeben und dafür den Vater zum Objekt zu nehmen? In der Verfolgung dieser Frage habe ich einige Feststellungen machen können, die gerade auf die Vorgeschichte der Ödipus-Relation beim Mädchen Licht werfen können.

Jeder Analytiker hat die Frauen kennengelernt, die mit besonderer Intensität und Zähigkeit an ihrer Vaterbindung festhalten und an dem Wunsch, vom Vater ein Kind zu bekommen, in dem diese gipfelt. Man hat guten Grund anzunehmen, daß diese Wunschphantasie auch die Triebkraft ihrer infantilen Onanie war, und gewinnt leicht den Eindruck, hier vor einer elementaren, nicht weiter auflösbaren Tatsache des kindlichen Sexuallebens zu stehen. Eingehende Analyse gerade dieser Fälle zeigt aber etwas anderes, nämlich daß der Ödipuskomplex hier eine lange Vorgeschichte hat und eine gewissermaßen sekundäre Bildung ist.

Nach einer Bemerkung des alten Kinderarztes Lindner (1879) entdeckt das Kind die lustspendende Genitalzone – Penis oder Klitoris – während des Wonnesaugens (Lutschens). Ich will es dahingestellt sein lassen, ob das Kind diese neugewonnene Lustquelle wirklich zum Ersatz für die kürzlich verlorene Brustwarze der Mutter nimmt, worauf spätere Phantasien *(fellatio)* deuten mögen. Kurz, die Genitalzone wird irgendeinmal entdeckt, und es scheint unberechtigt, den ersten Betätigungen an ihr einen psychischen Inhalt unterzulegen. Der nächste Schritt in der so beginnenden phallischen Phase ist aber nicht die Verknüpfung dieser Onanie mit den Objektbesetzungen des Ödipuskomplexes, sondern eine folgenschwere Entdeckung, die dem kleinen Mädchen beschieden ist. Es bemerkt den auffällig sichtbaren, groß angelegten Penis eines Bruders oder Gespielen, erkennt ihn sofort als überlegenes Gegenstück seines eigenen, kleinen und versteckten Organs und ist von da an dem Penisneid verfallen.

Ein interessanter Gegensatz im Verhalten der beiden Geschlechter: Im analogen Falle, wenn der kleine Knabe die Genitalgegend des Mädchens zuerst erblickt, benimmt er sich unschlüssig, zunächst wenig interessiert; er sieht nichts, oder er verleugnet seine Wahrnehmung, schwächt sie ab, sucht nach Auskünften, um sie mit seiner Erwartung in Einklang zu bringen. Erst später, wenn eine Kastrationsdrohung auf ihn Einfluß gewonnen hat, wird diese Beobachtung für ihn bedeutungsvoll werden; ihre Erinnerung oder Erneuerung regt einen fürchterlichen Affektsturm in ihm an und unterwirft ihn dem Glauben an die Wirklichkeit der bisher verlachten Androhung. Zwei Reaktionen werden aus diesem Zusammentreffen hervorgehen, die sich fixieren können und dann jede einzeln oder beide vereint oder zusammen mit anderen Momenten sein Verhältnis zum Weib dauernd bestimmen werden: Abscheu vor dem verstümmelten Geschöpf oder triumphierende Geringschätzung desselben. Aber diese Entwicklungen gehören einer, wenn auch nicht weit entfernten Zukunft an.

Anders das kleine Mädchen. Sie ist im Nu fertig mit ihrem Urteil und ihrem Entschluß. Sie hat es gesehen, weiß, daß sie es nicht hat, und will es haben.

An dieser Stelle zweigt der sogenannte Männlichkeitskomplex des Weibes ab, welcher der vorgezeichneten Entwicklung zur Weiblichkeit eventuell große Schwierigkeiten bereiten wird, wenn es nicht gelingt, ihn bald zu überwinden. Die Hoffnung, doch noch einmal einen Penis zu bekommen und dadurch dem Manne gleich zu werden, kann sich bis in unwahrscheinlich späte Zeiten erhalten und zum Motiv für sonderbare, sonst unverständliche Handlungen werden. Oder es tritt der Vorgang ein, den ich als *Verleugnung* bezeichnen möchte, der im kindlichen Seelenleben weder selten noch sehr gefährlich zu sein scheint, der aber beim Erwachsenen eine Psychose einleiten würde. Das Mädchen verweigert es, die Tatsache ihrer Kastration anzunehmen, versteift sich in der Überzeugung, daß sie doch einen Penis besitzt, und ist gezwungen, sich in der Folge so zu benehmen, als ob sie ein Mann wäre.

Die psychischen Folgen des Penisneides, soweit er nicht in der Reaktionsbildung des Männlichkeitskomplexes aufgeht, sind vielfältige und weittragende. Mit der Anerkennung seiner narzißtischen Wunde stellt sich – gleichsam als Narbe – ein Minderwertigkeitsgefühl beim Weibe her. Nachdem es den ersten Versuch, seinen Penismangel als persönliche Strafe zu erklären, überwunden und die Allgemeinheit dieses Geschlechtscharakters erfaßt hat, beginnt es, die Geringschätzung des Mannes für das in einem entscheidenden Punkt verkürzte Geschlecht zu teilen, und hält wenigstens in diesem Urteil an der eigenen Gleichstellung mit dem Manne fest.

Auch wenn der Penisneid auf sein eigentliches Objekt verzichtet hat, hört er nicht auf zu existieren, er lebt in der Charaktereigenschaft der *Eifersucht* mit leichter Verschiebung fort. Gewiß ist die Eifersucht nicht allein einem Geschlecht eigen und begründet sich auf einer breiteren Basis, aber ich meine, daß sie doch im Seelenleben des Weibes eine weitaus größere Rolle spielt, weil sie aus der Quelle des abgelenkten Penisneides eine ungeheure Verstärkung bezieht. [...]

Eine dritte Abfolge des Penisneides scheint die Lockerung des zärtlichen Verhältnisses zum Mutterobjekt. Man versteht den Zusammenhang nicht sehr gut, überzeugt sich aber, daß am Ende fast immer die Mutter für den Penismangel verantwortlich gemacht wird, die das Kind mit so ungenügender Ausrüstung in die Welt geschickt hat. Der historische Hergang ist oft der, daß bald nach der Entdeckung der Benachteiligung am Genitale Eifersucht gegen ein anderes Kind auftritt, das von der Mutter angeblich mehr geliebt wird, wodurch eine Motivierung für die Lösung von der Mutterbindung gewonnen ist. Dazu stimmt es dann, wenn dies von der Mutter bevorzugte Kind das erste Objekt der in Masturbation auslaufenden Schlagephantasie wird.

Eine andere überraschende Wirkung des Penisneides – oder der Entdeckung der Minderwertigkeit der Klitoris – ist gewiß die wichtigste von allen. Ich hatte oftmals vorher den Eindruck gewonnen, daß das Weib im allgemeinen die Masturbation schlechter verträgt als der Mann, sich öfter gegen sie sträubt und außerstande ist, sich ihrer zu bedienen, wo der Mann unter gleichen Verhältnissen unbedenklich zu diesem Auskunftsmittel gegriffen hätte. [...] Die Analysen der phallischen Vorzeit haben mich nun gelehrt, daß beim Mädchen bald nach den Anzeichen des Penisneides eine intensive Gegenströmung gegen die Onanie auftritt, die nicht allein auf den Einfluß der erziehenden Pflegeperson zurückgeführt werden kann. Diese Regung ist offenbar ein Vorbote jenes Verdrängungsschubes, der zur Zeit der Pubertät ein großes Stück der männlichen Sexualität beseitigen wird, um Raum für die Entwicklung der Weiblichkeit zu schaffen. Es mag sein, daß diese erste Opposition gegen die autoerotische Betätigung ihr Ziel nicht erreicht. [...]

Ich kann mir diese Auflehnung des kleinen Mädchens gegen die phallische Onanie nicht anders als durch die Annahme erklären, daß ihm diese lustbringende Betätigung durch ein nebenhergehendes Moment arg verleidet wird. Dieses Moment brauchte man dann nicht weit weg zu suchen; es müßte die mit dem Penisneid verknüpfte narzißtische Kränkung sein, die Mahnung, daß man es in diesem Punkte doch nicht mit dem Knaben aufnehmen kann und darum die Konkurrenz mit ihm am besten unterläßt. In solcher Weise drängt die Erkenntnis des anatomischen Geschlechtsunterschieds das kleine Mädchen von der Männlichkeit und von der männlichen Onanie weg in neue Bahnen, die zur Entfaltung der Weiblichkeit führen.

Vom Ödipuskomplex war bisher nicht die Rede, er hatte auch soweit keine Rolle gespielt. Nun aber gleitet die Libido des Mädchens – man kann nur sagen: längs der vorgezeichneten symbolischen Gleichung Penis = Kind – in eine neue Position. Es gibt den Wunsch nach dem Penis auf, um den Wunsch nach einem Kinde an die Stelle zu setzen, und nimmt *in dieser Absicht* den Vater zum Liebesobjekt. Die Mutter wird zum Objekt der Eifersucht, aus dem Mädchen ist ein kleines Weib geworden. Wenn ich einer vereinzelten analytischen Erhebung glauben darf, kann es in dieser neuen Situation zu körperlichen Sensationen kommen, die als vorzeitiges Erwachen des weiblichen Genitalapparates zu beurteilen sind. Wenn diese Vaterbindung später als verunglückt aufgegeben werden muß, kann sie einer Vateridentifizierung weichen, mit der das Mädchen zum Männlichkeitskomplex zurückkehrt und sich eventuell an ihm fixiert.

[...] Für das Verhältnis zwischen Ödipus- und Kastrationskomplex stellt sich ein fundamentaler Gegensatz der beiden Geschlechter her. *Während der Ödipuskomplex des Knaben am Kastrationskomplex zugrunde geht, wird der des Mädchens durch den Kastrationskomplex ermöglicht und eingeleitet.* Dieser Widerspruch erhält seine Aufklärung, wenn man erwägt, daß der Kastrationskomplex dabei immer im Sinne seines Inhaltes wirkt, hemmend und einschränkend für die Männlichkeit, befördernd auf die Weiblichkeit. Die Differenz in diesem Stück der Sexualentwicklung beim Mann und Weib ist eine begreifliche Folge der anatomischen Verschiedenheit der Genitalien und der damit verknüpften psychischen Situation, sie entspricht dem Unterschied von vollzogener und bloß angedrohter Kastration. Unser Ergebnis ist also im Grunde eine Selbstverständlichkeit, die man hätte vorhersehen können.

[...] Beim Knaben [...] wird der Komplex nicht einfach verdrängt, er zerschellt förmlich unter dem Schock der Kastrationsdrohung. [...]

Beim Mädchen entfällt das Motiv für die Zertrümmerung des Ödipuskomplexes. Die Kastration hat ihre Wirkung bereits früher getan, und diese bestand darin, das Kind in die Situation des Ödipuskomplexes zu drängen. Dieser entgeht darum dem Schicksal, das ihm beim Knaben bereitet wird, er kann langsam verlassen, durch Verdrängung erledigt werden, seine Wirkungen weit in das für das Weib normale Seelenleben verschieben. Man zögert es auszusprechen, kann sich aber doch der Idee nicht erwehren, daß das Niveau des sittlich Normalen für das Weib ein anderes wird. Das Über-Ich wird niemals so unerbittlich, so unpersönlich, so unabhängig von seinen affektiven Ursprüngen, wie wir es vom Manne fordern. Charakterzüge, die

die Kritik seit jeher dem Weibe vorgehalten hat, daß es weniger Rechtsgefühl zeigt als der Mann, weniger Neigung zur Unterwerfung unter die großen Notwendigkeiten des Lebens, sich öfter in seinen Entscheidungen von zärtlichen und feindseligen Gefühlen leiten läßt, fänden in der oben abgeleiteten Modifikation der Über-Ichbildung eine ausreichende Begründung. Durch den Widerspruch der Feministen, die uns eine völlige Gleichstellung und Gleichschätzung der Geschlechter aufdrängen wollen, wird man sich in solchen Urteilen nicht beirren lassen, wohl aber bereitwillig zugestehen, daß auch die Mehrzahl der Männer weit hinter dem männlichen Ideal zurückbleibt und daß alle menschlichen Individuen infolge ihrer bisexuellen Anlage und der gekreuzten Vererbung männliche und weibliche Charaktere in sich vereinigen, so daß die reine Männlichkeit und Weiblichkeit theoretische Konstruktionen bleiben mit ungesichertem Inhalt. […]

ÜBER DIE WEIBLICHE SEXUALITÄT

1931

I

[...] Frauen mit starker Vaterbindung sind bekanntlich sehr häufig; sie brauchen auch keineswegs neurotisch zu sein. An solchen Frauen habe ich die Beobachtungen gemacht, über die ich hier berichte und die mich zu einer gewissen Auffassung der weiblichen Sexualität veranlaßt haben. Zwei Tatsachen sind mir da vor allem aufgefallen. Die erste war: wo eine besonders intensive Vaterbindung bestand, da hatte es nach dem Zeugnis der Analyse vorher eine Phase von ausschließlicher Mutterbindung gegeben von gleicher Intensität und Leidenschaftlichkeit. Die zweite Phase hatte bis auf den Wechsel des Objekts dem Liebesleben kaum einen neuen Zug hinzugefügt. Die primäre Mutterbeziehung war sehr reich und vielseitig ausgebaut gewesen.

Die zweite Tatsache lehrte, daß man auch die Zeitdauer dieser Mutterbindung stark unterschätzt hatte. Sie reichte in mehreren Fällen bis weit ins vierte, in einem bis ins fünfte Jahr, nahm also den bei weitem längeren Anteil der sexuellen Frühblüte ein. Ja, man mußte die Möglichkeit gelten lassen, daß eine Anzahl von weiblichen Wesen in der ursprünglichen Mutterbindung steckenbleibt und es niemals zu einer richtigen Wendung zum Manne bringt.

Die präödipale Phase des Weibes rückt hiemit zu einer Bedeutung auf, die wir ihr bisher nicht zugeschrieben haben. [...]
[...] Dahin gehört, daß diese Phase der Mutterbindung eine besonders intime Beziehung zur Ätiologie der Hysterie vermuten läßt, was nicht überraschen kann, wenn man erwägt, daß beide, die Phase wie die Neurose, zu den besonderen Charakteren der Weiblichkeit gehören, ferner auch, daß man in dieser

Mutterabhängigkeit den Keim der späteren Paranoia des Weibes findet. Denn dies scheint die überraschende, aber regelmäßig angetroffene Angst, von der Mutter umgebracht (aufgefressen?) zu werden, wohl zu sein. Es liegt nahe anzunehmen, daß die Angst einer Feindseligkeit entspricht, die sich im Kind gegen die Mutter infolge der vielfachen Einschränkungen der Erziehung und Körperpflege entwickelt, und daß der Mechanismus der Projektion durch die Frühzeit der psychischen Organisation begünstigt wird.

II

[...] Zunächst ist unverkennbar, daß die für die menschliche Anlage behauptete Bisexualität beim Weib viel deutlicher hervortritt als beim Mann. Der Mann hat doch nur eine leitende Geschlechtszone, ein Geschlechtsorgan, während das Weib deren zwei besitzt: die eigentlich weibliche Vagina und die dem männlichen Glied analoge Klitoris. Wir halten uns für berechtigt anzunehmen, daß die Vagina durch lange Jahre so gut wie nicht vorhanden ist, vielleicht erst zur Zeit der Pubertät Empfindungen liefert. In letzter Zeit mehren sich allerdings die Stimmen der Beobachter, die vaginale Regungen auch in diese frühen Jahre verlegen. Das Wesentliche, was also an Genitalität in der Kindheit vorgeht, muß sich beim Weibe an der Klitoris abspielen. Das Geschlechtsleben des Weibes zerfällt regelmäßig in zwei Phasen, von denen die erste männlichen Charakter hat; erst die zweite ist die spezifisch weibliche. In der weiblichen Entwicklung gibt es so einen Prozeß der Überführung der einen Phase in die andere, dem beim Manne nichts analog ist. [...]

[...] Die schicksalhafte Beziehung von gleichzeitiger Liebe zu dem einen und Rivalitätshaß gegen den anderen Elternteil stellt sich nur für das männliche Kind her. Bei diesem ist es dann die

Entdeckung der Kastrationsmöglichkeit, wie sie durch den Anblick des weiblichen Genitales erwiesen wird, die die Umbildung des Ödipuskomplexes erzwingt, die Schaffung des Über-Ichs herbeiführt und so all die Vorgänge einleitet, die auf die Einreihung des Einzelwesens in die Kulturgemeinschaft abzielen. Nach der Verinnerlichung der Vaterinstanz zum Über-Ich ist die weitere Aufgabe zu lösen, dies letztere von den Personen abzulösen, die es ursprünglich seelisch vertreten hat. Auf diesem merkwürdigen Entwicklungsweg ist gerade das narzißtische Genitalinteresse, das an der Erhaltung des Penis, zur Einschränkung der infantilen Sexualität gewendet worden.

[…] Das Weib anerkennt die Tatsache seiner Kastration und damit auch die Überlegenheit des Mannes und seine eigene Minderwertigkeit, aber es sträubt sich auch gegen diesen unliebsamen Sachverhalt. Aus dieser zwiespältigen Einstellung leiten sich drei Entwicklungsrichtungen ab. Die erste führt zur allgemeinen Abwendung von der Sexualität. Das kleine Weib, durch den Vergleich mit dem Knaben geschreckt, wird mit seiner Klitoris unzufrieden, verzichtet auf seine phallische Betätigung und damit auf die Sexualität überhaupt wie auf ein gutes Stück seiner Männlichkeit auf anderen Gebieten. Die zweite Richtung hält in trotziger Selbstbehauptung an der bedrohten Männlichkeit fest; die Hoffnung, noch einmal einen Penis zu bekommen, bleibt bis in unglaublich späte Zeiten aufrecht, wird zum Lebenszweck erhoben, und die Phantasie, trotz alledem ein Mann zu sein, bleibt oft gestaltend für lange Lebensperioden. Auch dieser »Männlichkeitskomplex« des Weibes kann in manifest homosexuelle Objektwahl ausgehen. Erst eine dritte, recht umwegige Entwicklung mündet in die normal weibliche Endgestaltung aus, die den Vater als Objekt nimmt und so die weibliche Form des Ödipuskomplexes findet. Der Ödipuskomplex ist also beim Weib das Endergebnis einer längeren Entwicklung, er wird durch den Einfluß der Kastration nicht zerstört, sondern durch ihn geschaffen, er entgeht den starken feindlichen Einflüssen, die beim Mann zerstörend auf ihn einwirken, ja er wird allzuhäufig vom Weib überhaupt nicht überwunden. Darum sind auch die kulturellen Ergebnisse seines Zerfalls geringfügiger und weniger belangreich. Man geht wahrscheinlich nicht fehl, wenn man aussagt, daß dieser Unterschied in der gegenseitigen Beziehung von Ödipus- und Kastrationskomplex den Charakter des Weibes als soziales Wesen prägt. […]

[…] Die kindliche Liebe ist maßlos, verlangt Ausschließlichkeit, gibt sich nicht mit Anteilen zufrieden. Ein zweiter Charakter ist aber, daß diese Liebe auch eigentlich ziellos, einer vollen Befriedigung unfähig ist, und wesentlich darum ist sie dazu verurteilt, in Enttäuschung auszugehen und einer feindlichen Einstellung Platz zu machen. […]

Die eigene phallische Betätigung, Masturbation an der Klitoris, wird vom kleinen Mädchen meist spontan gefunden, ist gewiß zunächst phantasielos. Dem Einfluß der Körperpflege an ihrer Erweckung wird durch die so häufige Phantasie Rechnung getragen, die Mutter, Amme oder Kinderfrau zur Verführerin macht. Ob die Onanie der Mädchen seltener und von Anfang an weniger energisch ist als die der Knaben, bleibt dahingestellt; es wäre wohl möglich. Auch wirkliche Verführung ist häufig genug, sie geht entweder von anderen Kindern oder von Pflegepersonen aus, die das Kind beschwichtigen, einschläfern oder von sich abhängig machen wollen. Wo Verführung einwirkt, stört sie regelmäßig den natürlichen Ablauf der Entwicklungsvorgänge; oft hinterläßt sie weitgehende und andauernde Konsequenzen.

Das Verbot der Masturbation wird, wie wir gehört haben, zum Anlaß, sie aufzugeben, aber auch zum Motiv der Auflehnung gegen die verbietende Person, also die Mutter oder den Mutterersatz, der später regelmäßig mit ihr verschmilzt. Die trotzige Behauptung der Masturbation scheint den Weg zur

Männlichkeit zu eröffnen. Auch wo es dem Kind nicht gelungen ist, die Masturbation zu unterdrücken, zeigt sich die Wirkung des anscheinend machtlosen Verbots in seinem späteren Bestreben, sich mit allen Opfern von der ihm verleideten Befriedigung frei zu machen. Noch die Objektwahl des reifen Mädchens kann von dieser festgehaltenen Absicht beeinflußt werden. Der Groll wegen der Behinderung in der freien sexuellen Betätigung spielt eine große Rolle in der Ablösung von der Mutter. Dasselbe Motiv wird auch nach der Pubertät wieder zur Wirkung kommen, wenn die Mutter ihre Pflicht erkennt, die Keuschheit der Tochter zu behüten. Wir werden natürlich nicht daran vergessen, daß die Mutter der Masturbation des Knaben in gleicher Weise entgegentritt und somit auch ihm ein starkes Motiv zur Auflehnung schafft.

Wenn das kleine Mädchen durch den Anblick eines männlichen Genitales seinen eigenen Defekt erfährt, nimmt sie die unerwünschte Belehrung nicht ohne Zögern und ohne Sträuben an. Wie wir gehört haben, wird die Erwartung, auch einmal ein solches Genitale zu bekommen, hartnäckig festgehalten, und der Wunsch danach überlebt die Hoffnung noch um lange Zeit. In allen Fällen hält das Kind die Kastration zunächst nur für ein individuelles Mißgeschick, erst später dehnt es dieselbe auch auf einzelne Kinder, endlich auf einzelne Erwachsene aus. Mit der Einsicht in die Allgemeinheit dieses negativen Charakters stellt sich eine große Entwertung der Weiblichkeit, also auch der Mutter, her.

[…] Mit dem ersten Eingreifen des Verbots ist der Konflikt da, der von nun an die Entwicklung der Sexualfunktion begleiten wird. Es bedeutet auch eine besondere Erschwerung der Einsicht, daß man so große Mühe hat, die seelischen Vorgänge dieser ersten Phase von späteren zu unterscheiden, durch die sie überdeckt und für die Erinnerung entstellt werden. So wird z. B. später einmal die Tatsache der Kastration als Strafe für die onanistische Betätigung aufgefaßt, deren Ausführung aber dem Vater zugeschoben, was beides gewiß nicht ursprünglich sein kann. Auch der Knabe befürchtet die Kastration regelmäßig von seiten des Vaters, obwohl auch bei ihm die Drohung zumeist von der Mutter ausgeht.

[...] So groß ist die Gier der kindlichen Libido! Überblickt man die ganze Reihe der Motivierungen, welche die Analyse für die Abwendung von der Mutter aufdeckt, daß sie es unterlassen hat, das Mädchen mit dem einzig richtigen Genitale auszustatten, daß sie es ungenügend ernährt hat, es gezwungen hat, die Mutterliebe mit anderen zu teilen, daß sie nie alle Liebeserwartungen erfüllt, und endlich, daß sie die eigene Sexualbetätigung zuerst angeregt und dann verboten hat, so scheinen sie alle zur Rechtfertigung der endlichen Feindseligkeit unzureichend. Die einen von ihnen sind unvermeidliche Abfolgen aus der Natur der infantilen Sexualität, die anderen nehmen sich aus wie später zurechtgemachte Rationalisierungen der unverstandenen Gefühlswandlung. [...]

III

[...] Es ist leicht zu beobachten, daß auf jedem Gebiet des seelischen Erlebens, nicht nur auf dem der Sexualität, ein passiv empfangener Eindruck beim Kind die Tendenz zu einer aktiven Reaktion hervorruft. Es versucht, das selbst zu machen, was vorhin an oder mit ihm gemacht worden ist. Es ist das eine Stück der Bewältigungsarbeit an der Außenwelt, die ihm auferlegt ist, und kann selbst dazu führen, daß es sich um die Wiederholung solcher Eindrücke bemüht, die es wegen ihres peinlichen Inhalts zu vermeiden Anlaß hätte. Auch das Kinderspiel wird in den Dienst dieser Absicht gestellt, ein passives Erlebnis durch eine aktive Handlung zu ergänzen und es gleichsam auf diese Art aufzuheben. Wenn der Doktor dem sich sträubenden Kind den Mund geöffnet hat, um ihm in den Hals zu schauen, so wird nach seinem Fortgehen das Kind den Doktor spielen und die gewalttätige Prozedur an einem kleinen Geschwisterchen wiederholen, das ebenso hilflos gegen es ist, wie es selbst gegen den Doktor war. Eine Auflehnung gegen die Passivität und eine Bevorzugung der aktiven Rolle ist dabei unverkennbar. [...]

Man hört selten davon, daß das kleine Mädchen die Mutter waschen, ankleiden oder zur Verrichtung ihrer exkrementellen Bedürfnisse mahnen will. Es sagt zwar gelegentlich: jetzt wollen wir spielen, daß ich die Mutter bin und du das Kind – aber zumeist erfüllt es sich diese aktiven Wünsche in indirekter Weise im Spiel mit der Puppe, in dem es selbst die Mutter darstellt wie die Puppe das Kind. Die Bevorzugung des Spiels mit der Puppe beim Mädchen im Gegensatz zum Knaben wird gewöhnlich als Zeichen der früh erwachten Weiblichkeit aufgefaßt. Nicht mit Unrecht, allein man soll nicht übersehen, daß es die *Aktivität* der Weiblichkeit ist, die sich hier äußert, und daß diese Vorliebe des Mädchens wahrscheinlich die Ausschließlichkeit der Bindung an die Mutter bei voller Vernachlässigung des Vaterobjekts bezeugt. [...]

Unter den passiven Regungen der phallischen Phase hebt sich hervor, daß das Mädchen regelmäßig die Mutter als Verführerin beschuldigt, weil sie die ersten oder doch die stärksten genitalen Empfindungen bei den Vornahmen der Reinigung und Körperpflege durch die Mutter (oder die sie vertretende Pflegeperson) verspüren mußte. Daß das Kind diese Empfindungen gerne mag und die Mutter auffordert, sie durch wiederholte Berührung und Reibung zu verstärken, ist mir oft von Müttern als Beobachtung an ihren zwei- bis dreijährigen Töchterchen mitgeteilt worden. Ich mache die Tatsache, daß die Mutter dem Kind so unvermeidlich die phallische Phase eröffnet, dafür verantwortlich, daß in den Phantasien späterer Jahre so regelmäßig der Vater als der sexuelle Verführer erscheint. Mit der Abwendung von der Mutter ist auch die Einführung ins Geschlechtsleben auf den Vater überschrieben worden. [...]

Die Abwendung von der Mutter ist ein höchst bedeutsamer Schritt auf dem Entwicklungsweg des Mädchens, sie ist mehr als ein bloßer Objektwechsel. Wir haben ihren Hergang und die Häufung ihrer vorgeblichen Motivierungen bereits beschrieben, nun fügen wir hinzu, daß Hand in Hand mit ihr ein starkes Absinken der aktiven und ein Anstieg der passiven Sexualregungen zu beobachten ist. Gewiß sind die aktiven Strebungen stärker von der Versagung betroffen worden, sie haben sich als durchaus unausführbar erwiesen und werden darum auch leichter von der Libido verlassen, aber auch auf Seite der passiven Strebungen hat es an Enttäuschungen nicht gefehlt. Häufig wird mit der Abwendung von der Mutter auch die klitoridische Masturbation eingestellt, oft genug wird mit der Verdrängung der bisherigen Männlichkeit des kleinen Mädchens ein gutes Stück ihres Sexualstrebens überhaupt dauernd geschädigt. Der Übergang zum Vaterobjekt wird mit Hilfe der passiven Strebungen vollzogen, soweit diese dem Umsturz entgangen sind. Der Weg zur Entwicklung der Weiblichkeit ist nun dem Mädchen freigegeben, insoferne er nicht durch die Reste der überwundenen präödipalen Mutterbindung eingeengt ist.

Warum Krieg?

1933

Wien, im September 1932

Lieber Herr Einstein!

Als ich hörte, dass Sie die Absicht haben, mich zum Gedankenaustausch über ein Thema aufzufordern, dem Sie Ihr Interesse schenken und das Ihnen auch des Interesses anderer würdig erscheint, stimmte ich bereitwillig zu. Ich erwartete, Sie würden ein Problem an der Grenze des heute Wissbaren wählen, zu dem ein jeder von uns, der Physiker wie der Psycholog, sich seinen besonderen Zugang bahnen könnte, so dass sie sich von verschiedenen Seiten her auf demselben Boden träfen. Sie haben mich dann durch die Fragestellung überrascht, was man tun könne, um das Verhängnis des Krieges von den Menschen abzuwehren. Ich erschrak zunächst unter dem Eindruck meiner – fast hätte ich gesagt: unserer – Inkompetenz, denn das erschien mir als eine praktische Aufgabe, die den Staatsmännern zufällt. Ich verstand dann aber, dass Sie die Frage nicht als Naturforscher und Physiker erhoben haben, sondern als Menschenfreund, der den Anregungen des Völkerbunds gefolgt war, ähnlich wie der Polarforscher Fridtjof Nansen es auf sich genommen hatte, den Hungernden und den heimatlosen Opfern des Weltkrieges Hilfe zu bringen. Ich besann mich auch, dass mir nicht zugemutet wird, praktische Vorschläge zu machen, sondern dass ich nur angeben soll, wie sich das Problem der Kriegsverhütung einer psychologischen Betrachtung darstellt.

Aber auch hierüber haben Sie in Ihrem Schreiben das meiste gesagt. Sie haben mir gleichsam den Wind aus den Segeln genommen, aber ich fahre gern in Ihrem Kielwasser und bescheide mich damit, alles zu bestätigen, was Sie vorbringen, indem ich es nach meinem besten Wissen – oder Vermuten – breiter ausführe.

Sie beginnen mit dem Verhältnis von Recht und Macht. Das ist gewiss der richtige Ausgangspunkt für unsere Untersuchung. Darf ich das Wort »Macht« durch das grellere, härtere Wort »Gewalt« ersetzen? Recht und Gewalt sind uns heute Gegensätze. Es ist leicht zu zeigen, dass sich das eine aus dem anderen entwickelt hat, und wenn wir auf die Uranfänge zurückgehen und nachsehen, wie das zuerst geschehen ist, so fällt uns die Lösung des Problems mühelos zu. Entschuldigen Sie mich aber, wenn ich im Folgenden allgemein Bekanntes und Anerkanntes erzähle, als ob es neu wäre; der Zusammenhang nötigt mich dazu.

Interessenkonflikte unter den Menschen werden also prinzipiell durch die Anwendung von Gewalt entschieden. So ist es im ganzen Tierreich, von dem der Mensch sich nicht ausschließen sollte; für den Menschen kommen allerdings noch Meinungskonflikte hinzu, die bis zu den höchsten Höhen der Abstraktion reichen und eine andere Technik der Entscheidung zu fordern scheinen. Aber das ist eine spätere Komplikation. Anfänglich, in einer kleinen Menschenhorde, entschied die stärkere Muskelkraft darüber, wem etwas gehören oder wessen Wille zur Ausführung gebracht werden sollte. Muskelkraft verstärkt und ersetzt sich bald durch den Gebrauch von Werkzeugen; es siegt, wer die besseren Waffen hat oder sie geschickter verwendet. Mit der Einführung der Waffe beginnt bereits die geistige Überlegenheit die Stelle der rohen Muskelkraft einzunehmen; die Endabsicht des Kampfes bleibt die nämliche, der eine Teil soll durch die Schädigung, die er erfährt, und durch die Lähmung seiner Kräfte gezwungen werden, seinen Anspruch oder Widerspruch aufzugeben. Dies wird am gründlichsten erreicht, wenn die Gewalt den Gegner dauernd beseitigt, also tötet. Es hat zwei

Vorteile, dass er seine Gegnerschaft nicht ein andermal wiederaufnehmen kann und dass sein Schicksal andere abschreckt, seinem Beispiel zu folgen. Außerdem befriedigt die Tötung des Feindes eine triebhafte Neigung, die später erwähnt werden muss. Der Tötungsabsicht kann sich die Erwägung widersetzen, dass der Feind zu nützlichen Dienstleistungen verwendet werden kann, wenn man ihn eingeschüchtert am Leben lässt. Dann begnügt sich also die Gewalt damit, ihn zu unterwerfen, anstatt ihn zu töten. Es ist der Anfang der Schonung des Feindes, aber der Sieger hat von nun an mit der lauernden Rachsucht des Besiegten zu rechnen, gibt ein Stück seiner eigenen Sicherheit auf.

Das ist also der ursprüngliche Zustand, die Herrschaft der größeren Macht, der rohen oder intellektuell gestützten Gewalt. Wir wissen, dies Regime ist im Laufe der Entwicklung abgeändert worden, es führte ein Weg von der Gewalt zum Recht, aber welcher? Nur ein einziger, meine ich. Er führte über die Tatsache, dass die größere Stärke des einen wettgemacht werden konnte durch die Vereinigung mehrerer Schwacher. »L'union fait la force.« Gewalt wird gebrochen durch Einigung, die Macht dieser Geeinigten stellt nun das Recht dar im Gegensatz zur Gewalt des Einzelnen. Wir sehen, das Recht ist die Macht einer Gemeinschaft. Es ist noch immer Gewalt, bereit, sich gegen jeden einzelnen zu wenden, der sich ihr widersetzt, arbeitet mit denselben Mitteln, verfolgt dieselben Zwecke; der Unterschied liegt wirklich nur darin, dass es nicht mehr die Gewalt eines Einzelnen ist, die sich durchsetzt, sondern die der Gemeinschaft. Aber damit sich dieser Übergang von der Gewalt zum neuen Recht vollziehe, muss eine psychologische Bedingung erfüllt werden. Die Einigung der Mehreren muss eine beständige, dauerhafte sein. Stellte sie sich nur zum Zweck der Bekämpfung des einen Übermächtigen her und zerfiele nach seiner Überwältigung, so wäre nichts erreicht. Der nächste, der sich für stärker hält, würde wiederum eine Gewaltherrschaft anstreben, und das Spiel würde sich endlos wiederholen. Die Gemeinschaft muss permanent erhalten werden, sich organisieren, Vorschriften schaffen, die den gefürchteten Auflehnungen vorbeugen, Organe bestimmen, die über die Einhaltung der Vorschriften – Gesetze – wachen und die Ausführung der rechtmäßigen Gewaltakte besorgen. In der Anerkennung einer solchen Interessengemeinschaft stellen sich unter den Mitgliedern einer geeinigten Menschengruppe Gefühlsbindungen her, Gemeinschaftsgefühle, in denen ihre eigentliche Stärke beruht. Damit, denke ich, ist alles Wesentliche bereits gegeben: die Überwindung der Gewalt durch Übertragung der Macht an eine größere Einheit, die durch Gefühlsbindungen ihrer Mitglieder zusammengehalten wird. Alles Weitere sind Ausführungen und Wiederholungen. Die Verhältnisse sind einfach, solange die Gemeinschaft nur aus einer Anzahl gleich starker Individuen besteht. Die Gesetze dieser Vereinigung bestimmen dann, auf welches Maß von persönlicher Freiheit, seine Kraft als Gewalt anzuwenden, der Einzelne verzichten muss, um ein gesichertes Zusammenleben zu ermöglichen. Aber ein solcher Ruhezustand ist nur theoretisch denkbar, in Wirklichkeit kompliziert sich der Sachverhalt dadurch, dass die Gemeinschaft von Anfang an ungleich mächtige Elemente umfasst, Männer und Frauen, Eltern und Kinder und bald infolge von Krieg und Unterwerfung Siegreiche und Besiegte, die sich in Herren und Sklaven umsetzen. Das Recht der Gemeinschaft wird dann zum Ausdruck der ungleichen Machtverhältnisse in ihrer Mitte, die Gesetze werden von und für die Herrschenden gemacht werden und den Unterworfenen wenig Rechte einräumen. Von da an gibt es in der Gemeinschaft zwei Quellen von Rechtsunruhe, aber auch von Rechtsfortbildung. Erstens die Versuche einzelner unter den Herren, sich über die für alle gültigen Einschränkungen zu erheben, also von der Rechtsherrschaft auf die Gewaltherrschaft zurückzugreifen, zweitens die ständigen Bestrebungen der Unterdrückten, sich mehr Macht zu verschaffen und diese Änderungen im Gesetz anerkannt zu sehen, also im Gegenteil vom ungleichen Recht zum gleichen Recht für alle vorzudringen. Diese letztere Strömung wird besonders bedeutsam werden, wenn sich im Inneren des Gemeinwesens wirklich Verschiebungen der Machtverhältnisse ergeben, wie es infolge mannigfacher historischer Momente geschehen kann. Das Recht kann sich dann allmählich den neuen Machtverhältnissen anpassen, oder, was häufiger geschieht, die herrschende Klasse ist nicht bereit, dieser Änderung Rechnung zu tragen, es kommt zu Auflehnung, Bürgerkrieg, also zur zeitweiligen Aufhebung des Rechts und zu neuen Gewaltproben, nach deren Ausgang eine neue Rechtsordnung eingesetzt wird. Es gibt noch eine andere Quelle der Rechtsänderung, die sich nur in friedlicher Weise äußert, das ist die kulturelle Wandlung der Mitglieder des Gemeinwesens, aber die gehört in einen Zusammenhang, der erst später berücksichtigt werden kann.

Wir sehen also, auch innerhalb eines Gemeinwesens ist die gewaltsame Erledigung von Interessenkonflikten nicht vermieden worden. Aber die Notwendigkeiten und Gemeinsamkeiten, die sich aus dem Zusammenleben auf demselben Boden ableiten, sind einer raschen Beendigung solcher Kämpfe günstig, und die Wahrscheinlichkeit friedlicher Lösungen unter diesen Bedingungen nimmt stetig zu. Ein Blick in die Menschheitsgeschichte zeigt uns aber eine unaufhörliche Reihe von Konflikten zwischen einem Gemeinwesen und einem oder mehreren anderen, zwischen größeren und kleineren Einheiten, Stadtgebieten, Landschaften, Stämmen, Völkern, Reichen, die fast immer durch die Kraftprobe des Krieges entschieden werden. Solche Kriege gehen entweder in Beraubung oder in volle Unterwerfung, Eroberung des einen Teils aus. Man kann die Eroberungskriege nicht einheitlich beurteilen. Manche, wie die der Mongolen und Türken, haben nur Unheil gebracht, andere im Gegenteil zur Umwandlung von Gewalt in Recht beigetragen, indem sie größere Einheiten herstellten, innerhalb deren nun die Möglichkeit der Gewaltanwendung aufgehört hatte und eine neue Rechtsordnung die Konflikte schlichtete. So haben die Eroberungen der Römer den Mittelmeerländern die kostbare pax romana gegeben. Die Vergrößerungslust der französischen Könige hat ein friedlich geeinigtes, blühendes Frankreich geschaffen. So paradox es klingt, man muss doch zugestehen, der Krieg wäre kein ungeeignetes Mittel zur Herstellung des ersehnten »ewigen« Friedens, weil er imstande ist, jene großen Einheiten zu schaffen, innerhalb deren eine starke Zentralgewalt weitere Kriege unmöglich macht. Aber er taugt doch nicht dazu, denn die Erfolge der Eroberung sind in der Regel nicht dauerhaft; die neu geschaffenen Einheiten zerfallen wieder, meist infolge des mangelnden Zusammenhalts der gewaltsam geeinigten Teile. Und außerdem konnte die Eroberung bisher nur partielle Einigungen, wenn auch von größerem Umfang, schaffen, deren Konflikte die gewaltsame Entscheidung erst recht herausforderten. So ergab sich als die Folge all dieser kriegerischen Anstrengungen nur, dass die Menschheit zahlreiche, ja unaufhörliche Kleinkriege gegen seltene, aber umso mehr verheerende Großkriege eintauschte.

Auf unsere Gegenwart angewendet, ergibt sich das gleiche Resultat, zu dem Sie auf kürzerem Weg gelangt sind. Eine sichere Verhütung der Kriege ist nur möglich, wenn sich die Menschen zur Einsetzung einer Zentralgewalt einigen, welcher der Richtspruch in allen Interessenkonflikten übertragen wird. Hier sind offenbar zwei Forderungen vereinigt, dass eine solche übergeordnete Instanz geschaffen und dass ihr die erforderliche Macht gegeben werde. Das eine allein würde nicht nützen. Nun ist der Völkerbund als solche Instanz gedacht, aber die andere Bedingung ist nicht erfüllt; der Völkerbund hat keine eigene Macht und kann sie nur bekommen, wenn die Mitglieder der neuen Einigung, die einzelnen Staaten, sie ihm abtreten. Dazu scheint aber derzeit wenig Aussicht vorhanden. Man stünde der Institution des Völkerbundes nun ganz ohne Verständnis gegenüber, wenn man nicht wüsste, dass hier ein Versuch vorliegt, der in der Geschichte der Menschheit nicht oft – vielleicht noch nie in diesem Maß – gewagt worden ist. Es ist der Versuch, die Autorität – d.i. den zwingenden Einfluss –, die sonst auf dem Besitz der Macht ruht, durch die Berufung auf bestimmte ideelle Einstellungen zu erwerben. Wir haben gehört, was eine Gemeinschaft zusammenhält, sind zwei Dinge: der Zwang der Gewalt und die Gefühlsbindungen – Identifizierungen heißt man sie technisch – der Mitglieder. Fällt das eine Moment weg, so kann möglicherweise das andere die Gemeinschaft aufrechthalten. Jene Ideen haben natürlich nur dann eine Bedeutung, wenn sie wichtigen Gemeinsamkeiten der Mitglieder Ausdruck geben. Es fragt sich dann, wie stark sie sind. Die Geschichte lehrt, dass sie in der Tat ihre Wirkung geübt haben. Die panhellenische Idee z. B., das Bewusstsein, dass man etwas Besseres sei als die umwohnenden Barbaren, das in den Amphiktyonien, den Orakeln und Festspielen so kräftigen Ausdruck fand, war stark genug, um die Sitten der Kriegsführung unter Griechen zu mildern, aber selbstverständlich nicht imstande, kriegerische Streitigkeiten zwischen den Partikeln des Griechenvolkes zu verhüten, ja nicht einmal, um eine Stadt oder einen Städtebund abzuhalten, sich zum Schaden eines Rivalen mit dem Perserfeind zu verbünden. Ebenso wenig hat das christliche Gemeingefühl, das doch mächtig genug war, im Renaissancezeitalter christliche Klein- und Großstaaten daran gehindert, in ihren Kriegen miteinander um die Hilfe des Sultans zu werben. Auch in unserer Zeit gibt es keine Idee, der man eine solche einigende Autorität zumuten könnte. Dass die heute die Völker beherrschenden nationalen Ideale zu einer gegenteiligen Wirkung drängen, ist ja allzu deutlich. Es gibt Personen, die vorhersagen, erst das allgemeine Durchdringen der bolschewistischen Denkungsart werde den Kriegen ein Ende machen können, aber von solchem Ziel sind wir heute jedenfalls weit entfernt, und vielleicht wäre es nur nach schrecklichen Bürgerkriegen erreichbar. So scheint es also, dass der Versuch, reale Macht durch die Macht der Ideen zu ersetzen, heute noch zum Fehlschlagen verurteilt ist. Es ist ein Fehler in der Rechnung, wenn man nicht berücksichtigt, dass Recht ursprünglich rohe Gewalt war und noch heute der Stützung durch die Gewalt nicht entbehren kann.

Ich kann nun daran gehen, einen anderen Ihrer Sätze zu glossieren. Sie verwundern sich darüber, dass es so leicht ist, die Menschen für den Krieg zu begeistern, und vermuten, dass etwas in ihnen wirksam ist, ein Trieb zum Hassen und Vernichten, der solcher Verhetzung entgegenkommt. Wiederum kann ich Ihnen nur uneingeschränkt beistimmen. Wir glauben an die Existenz eines solchen Triebes und haben uns gerade in den letzten Jahren bemüht, seine Äußerungen zu studieren. Darf ich Ihnen aus diesem Anlass ein Stück der Triebehre vortragen, zu der wir in der Psychoanalyse nach vielem Tasten und Schwanken gekommen sind? Wir nehmen an, dass die Triebe des Menschen nur von zweierlei Art sind, entweder solche, die erhalten und vereinigen wollen – wir heißen sie erotische, ganz im Sinne des Eros im Symposion Platos, oder sexuelle mit bewusster Überdehnung des populären Begriffs von Sexualität –, und andere, die zerstören und töten wollen; wir fassen diese als Aggressionstrieb oder Destruktionstrieb zusammen. Sie sehen, das ist eigentlich nur die theoretische Verklärung des weltbekannten Gegensatzes von Lieben und Hassen, der vielleicht zu der Polarität von Anziehung und Abstoßung eine Urbeziehung unterhält, die auf Ihrem Gebiet eine Rolle spielt. Nun lassen Sie uns nicht zu rasch mit den Wertungen von Gut und Böse einsetzen. Der eine dieser Triebe ist ebenso unerlässlich wie der andere, aus dem Zusammen- und Gegeneinanderwirken der beiden gehen die Erscheinungen des Lebens hervor. Nun scheint es, dass kaum jemals ein Trieb der einen Art sich isoliert betätigen kann, er ist immer mit einem gewissen Betrag von der anderen Seite verbunden, wie wir sagen: legiert, der sein Ziel modifiziert oder ihm unter Umständen dessen Erreichung erst möglich macht. So ist z. B. der Selbsterhaltungstrieb gewiss erotischer Natur, aber gerade er bedarf der Verfügung über die Aggression, wenn er seine Absicht durchsetzen soll. Ebenso benötigt der auf Objekte gerichtete Liebestrieb eines Zusatzes vom Bemächtigungstrieb, wenn er seines Objekts überhaupt habhaft werden soll. Die Schwierigkeit, die beiden Triebarten in ihren Äußerungen zu isolieren, hat uns ja so lange in ihrer Erkenntnis behindert.

Wenn Sie mit mir ein Stück weitergehen wollen, so hören Sie, dass die menschlichen Handlungen noch eine Komplikation von anderer Art erkennen lassen. Ganz selten ist die Handlung das Werk einer einzigen Triebregung, die an und für sich bereits aus Eros und Destruktion zusammengesetzt sein muss. In der Regel müssen mehrere in der gleichen Weise aufgebaute Motive zusammentreffen, um die Handlung zu ermöglichen. Einer Ihrer Fachgenossen hat das bereits gewusst, ein Prof. G. Ch. Lichtenberg, der zur Zeit unserer Klassiker in Göttingen Physik lehrte; aber vielleicht war er als Psycholog noch bedeutender denn als Physiker. Er erfand die Motivenrose, indem er sagte: »Die Bewegungsgründe, woraus man etwas tut, könnten so wie die 32 Winde geordnet und ihre Namen auf eine ähnliche Art formiert werden, z. B. Brot – Brot – Ruhm oder Ruhm – Ruhm – Brot.« Wenn also die Menschen zum Krieg aufgefordert werden, so mögen eine ganze Anzahl von Motiven in ihnen zustimmend antworten, edle und gemeine, solche, von denen man laut spricht, und andere, die man beschweigt. Wir haben keinen Anlass, sie alle bloßzulegen. Die Lust an der Aggression und Destruktion ist gewiss darunter; ungezählte Grausamkeiten der Geschichte und des Alltags bekräftigen ihre Existenz und ihre

Stärke. Die Verquickung dieser destruktiven Strebungen mit anderen, erotischen und ideellen, erleichtert natürlich deren Befriedigung. Manchmal haben wir, wenn wir von den Gräueltaten der Geschichte hören, den Eindruck, die ideellen Motive hätten den destruktiven Gelüsten nur als Vorwände gedient, andere Male, z. B. bei den Grausamkeiten der heiligen Inquisition, meinen wir, die ideellen Motive hätten sich im Bewusstsein vorgedrängt, die destruktiven ihnen eine unbewusste Verstärkung gebracht. Beides ist möglich.

Ich habe Bedenken, Ihr Interesse zu missbrauchen, das ja der Kriegsverhütung gilt, nicht unseren Theorien. Doch möchte ich noch einen Augenblick bei unserem Destruktionstrieb verweilen, dessen Beliebtheit keineswegs Schritt hält mit seiner Bedeutung. Mit etwas Aufwand von Spekulation sind wir nämlich zu der Auffassung gelangt, dass dieser Trieb innerhalb jedes lebenden Wesens arbeitet und dann das Bestreben hat, es zum Zerfall zu bringen, das Leben zum Zustand der unbelebten Materie zurückzuführen. Er verdiente in allem Ernst den Namen eines Todestriebes, während die erotischen Triebe die Bestrebungen zum Leben repräsentieren. Der Todestrieb wird zum Destruktionstrieb, indem er mit Hilfe besonderer Organe nach außen, gegen die Objekte, gewendet wird. Das Lebewesen bewahrt sozusagen sein eigenes Leben dadurch, dass es fremdes zerstört. Ein Anteil des Todestriebes verbleibt aber im Innern des Lebewesens tätig, und wir haben versucht, eine ganze Anzahl von normalen und pathologischen Phänomenen von dieser Verinnerlichung des Destruktionstriebes abzuleiten. Wir haben sogar die Ketzerei begangen, die Entstehung unseres Gewissens durch eine solche Wendung der Aggression nach innen zu erklären. Sie merken, es ist gar nicht so unbedenklich, wenn sich dieser Vorgang in allzu großem Ausmaß vollzieht, es ist direkt ungesund, während die Wendung dieser Triebkräfte zur Destruktion in der Außenwelt das Lebewesen entlastet, wohltuend wirken muss.

Das diene zur biologischen Entschuldigung all der hässlichen und gefährlichen Strebungen, gegen die wir ankämpfen. Man muss zugeben, sie sind der Natur näher als unser Widerstand dagegen, für den wir auch noch eine Erklärung finden müssen. Vielleicht haben Sie den Eindruck, unsere Theorien seien eine Art von Mythologie, nicht einmal eine erfreuliche in diesem Fall. Aber läuft nicht jede Naturwissenschaft auf eine solche Art von Mythologie hinaus? Geht es Ihnen heute in der Physik anders?

Aus dem Vorstehenden entnehmen wir für unsere nächsten Zwecke so viel, dass es keine Aussicht hat, die aggressiven Neigungen der Menschen abschaffen zu wollen. Es soll in glücklichen Gegenden der Erde, wo die Natur alles, was der Mensch braucht, überreichlich zur Verfügung stellt, Völkerstämme geben, deren Leben in Sanftmut verläuft, bei denen Zwang und Aggression unbekannt sind. Ich kann es kaum glauben, möchte gern mehr über diese Glücklichen erfahren. Auch die Bolschewisten hoffen, dass sie die menschliche Aggression zum Verschwinden bringen können dadurch, dass sie die Befriedigung der materiellen Bedürfnisse verbürgen und sonst Gleichheit unter den Teilnehmern an der Gemeinschaft herstellen. Ich halte das für eine Illusion. Vorläufig sind sie auf das Sorgfältigste bewaffnet und halten ihre Anhänger nicht zum Mindesten durch den Hass gegen alle Außenstehenden zusammen. Übrigens handelt es sich, wie Sie selbst bemerken, nicht darum, die menschliche Aggressionsneigung völlig zu beseitigen; man kann versuchen, sie so weit abzulenken, dass sie nicht ihren Ausdruck im Kriege finden muss.

Von unserer mythologischen Trieblehre her finden wir leicht eine Formel für die indirekten Wege zur Bekämpfung des Krieges. Wenn die Bereitwilligkeit zum Krieg ein Ausfluss des Destruktionstriebs ist, so liegt es nahe, gegen sie den Gegenspieler dieses Triebes, den Eros, anzurufen. Alles, was Gefühlsbindun-

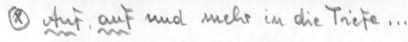

gen unter den Menschen herstellt, muss dem Krieg entgegenwirken. Diese Bindungen können von zweierlei Art sein. Erstens Beziehungen wie zu einem Liebesobjekt, wenn auch ohne sexuelle Ziele. Die Psychoanalyse braucht sich nicht zu schämen, wenn sie hier von Liebe spricht, denn die Religion sagt dasselbe: Liebe deinen Nächsten wie dich selbst. Das ist nun leicht gefordert, aber schwer zu erfüllen. Die andere Art von Gefühlsbindung ist die durch Identifizierung. Alles, was bedeutsame Gemeinsamkeiten unter den Menschen herstellt, ruft solche Gemeingefühle, Identifizierungen, hervor. Auf ihnen ruht zum guten Teil der Aufbau der menschlichen Gesellschaft. Einer Klage von Ihnen über den Missbrauch der Autorität entnehme ich einen zweiten Wink zur indirekten Bekämpfung der Kriegsneigung. Es ist ein Stück der angeborenen und nicht zu beseitigenden Ungleichheit der Menschen, dass sie in Führer und in Abhängige zerfallen. Die Letzteren sind die übergroße Mehrheit, sie bedürfen einer Autorität, welche für sie Entscheidungen fällt, denen sie sich meist bedingungslos unterwerfen. Hier wäre anzuknüpfen, man müsste mehr Sorge als bisher aufwenden, um eine Oberschicht selbstständig denkender, der Einschüchterung unzugänglicher, nach Wahrheit ringender Menschen zu erziehen, denen die Lenkung der unselbstständigen Massen zufallen würde. Dass die Übergriffe der Staatsgewalten und das Denkverbot der Kirche einer solchen Aufzucht nicht günstig sind, bedarf keines Beweises. Der ideale Zustand wäre natürlich eine Gemeinschaft von Menschen, die ihr Triebleben der Diktatur der Vernunft unterworfen haben. Nichts anderes könnte eine so vollkommene und widerstandsfähige Einigung der Menschen hervorrufen, selbst unter Verzicht auf die Gefühlsbindungen zwischen ihnen. Aber das ist höchst wahrscheinlich eine utopische Hoffnung. Die anderen Wege einer indirekten Verhinderung des Krieges sind gewiss eher gangbar, aber sie versprechen keinen raschen Erfolg. Ungern denkt man an Mühlen, die so langsam mahlen, dass man verhungern könnte, ehe man das Mehl bekommt.

Sie sehen, es kommt nicht viel dabei heraus, wenn man bei dringenden praktischen Aufgaben den weltfremden Theoretiker zu Rate zieht. Besser, man bemüht sich in jedem einzelnen Fall, der Gefahr zu begegnen mit den Mitteln, die eben zur Hand sind. Ich möchte aber noch eine Frage behandeln, die Sie in Ihrem Schreiben nicht aufwerfen und die mich besonders interessiert. Warum empören wir uns so sehr gegen den Krieg, Sie und ich und so viele andere, warum nehmen wir ihn nicht hin wie eine andere der vielen peinlichen Notlagen des Lebens? Er scheint doch naturgemäß, biologisch wohlbegründet, praktisch kaum vermeidbar. Entsetzen Sie sich nicht über meine Fragestellung. Zum Zweck einer Untersuchung darf man vielleicht die Maske einer Überlegenheit vornehmen, über die man in Wirklichkeit nicht verfügt. Die Antwort wird lauten, weil jeder Mensch ein Recht auf sein eigenes Leben hat, weil der Krieg hoffnungsvolle Menschenleben vernichtet, den einzelnen Menschen in Lagen bringt, die ihn entwürdigen, ihn zwingt, andere zu morden, was er nicht will, kostbare materielle Werte, Ergebnis von Menschenarbeit, zerstört und anderes mehr. Auch dass der Krieg in seiner gegenwärtigen Gestaltung keine Gelegenheit mehr gibt, das alte heldische Ideal zu erfüllen, und dass ein zukünftiger Krieg infolge der Vervollkommnung der Zerstörungsmittel die Ausrottung eines oder vielleicht beider Gegner bedeuten würde. Das ist alles wahr und scheint so unbestreitbar, dass man sich nur verwundert, wenn das Krieg-Führen noch nicht durch allgemeine menschliche Übereinkunft verworfen worden ist. Man kann zwar über einzelne dieser Punkte diskutieren. Es ist fraglich, ob die Gemeinschaft nicht auch ein Recht auf das Leben des Einzelnen haben soll; man kann nicht alle Arten von Krieg in gleichem Maß verdammen; solange es Reiche und Nationen gibt, die zur rücksichtslosen Vernichtung anderer bereit sind, müssen diese anderen zum Krieg gerüstet sein. Aber wir wollen über all das rasch hinweggehen, das ist nicht die Diskussion, zu der Sie mich aufgefordert haben. Ich ziele auf etwas anderes hin; ich glaube, der Hauptgrund, weshalb wir uns gegen den Krieg empören, ist, dass wir nicht anders können. Wir sind Pazifisten, weil wir es aus organischen Gründen sein müssen. Wir haben es dann leicht, unsere Einstellung durch Argumente zu rechtfertigen.

Das ist wohl ohne Erklärung nicht zu verstehen. Ich meine das Folgende: Seit unvordenklichen Zeiten zieht sich über die Menschheit der Prozess der Kulturentwicklung hin. (Ich weiß, andere heißen ihn lieber: Zivilisation.) Diesem Prozess verdanken wir das Beste, was wir geworden sind, und ein gut Teil von dem, woran wir leiden. Seine Anlässe und Anfänge sind dunkel, sein Ausgang ungewiss, einige seiner Charaktere leicht ersichtlich. Vielleicht führt er zum Erlöschen der Menschenart, denn er beeinträchtigt die Sexualfunktion in mehr als einer Weise, und schon heute vermehren sich unkultivierte Rassen und zurückgebliebene Schichten der Bevölkerung stärker als hochkultivierte. Vielleicht ist dieser Prozess mit der Domestikation gewisser Tierarten vergleichbar; ohne Zweifel bringt er körperliche Veränderungen mit sich; man hat sich noch nicht mit der Vorstellung vertraut gemacht, dass die Kulturentwicklung ein solcher organischer Prozess sei. Die mit dem Kulturprozess einher gehenden psychischen Veränderungen sind auffällig und unzweideutig. Sie bestehen in einer fortschreitenden Verschiebung der Triebziele und Einschränkung der Triebregungen. Sensationen, die unseren Vorahnen lustvoll waren, sind für uns indifferent oder selbst unleidlich geworden; es hat organische Begründungen, wenn unsere ethischen und ästhetischen Idealforderungen sich geändert haben. Von den psychologischen Charakteren der Kultur scheinen zwei die wichtigsten: die Erstarkung des Intellekts, der das Triebleben zu beherrschen beginnt, und die Verinnerlichung der Aggressionsneigung mit all ihren vorteilhaften und gefährlichen Folgen. Den psychischen Einstellungen, die uns der Kulturprozess aufnötigt, widerspricht nun der Krieg in der grellsten Weise, darum müssen wir uns gegen ihn empören, wir vertragen ihn einfach nicht mehr, es ist nicht bloß eine intellektuelle und affektive Ablehnung, es ist bei uns Pazifisten eine konstitutionelle Intoleranz, eine Idiosynkrasie gleichsam in äußerster Vergrößerung. Und zwar scheint es, dass die ästhetischen Erniedrigungen des Krieges nicht viel weniger Anteil an unserer Auflehnung haben als seine Grausamkeiten.

Wie lange müssen wir nun warten, bis auch die anderen Pazifisten werden? Es ist nicht zu sagen, aber vielleicht ist es keine utopische Hoffnung, dass der Einfluss dieser beiden Momente, der kulturellen Einstellung und der berechtigten Angst vor den Wirkungen eines Zukunftskrieges, dem Krieg-Führen in absehbarer Zeit ein Ende setzen wird. Auf welchen Wegen oder Umwegen, können wir nicht raten. Unterdes dürfen wir uns sagen: Alles, was die Kulturentwicklung fördert, arbeitet auch gegen den Krieg.

Ich grüße Sie herzlich und bitte Sie um Verzeihung, wenn meine Ausführungen Sie enttäuscht haben.
Ihr
Sigm. Freud

Quellenverzeichnis

Die wissenschaftliche Natur der Traumprobleme. Auszug aus: Die Traumdeutung. Mit Beiträgen v. Otto Rank. Deuticke Verlag, Leipzig/Wien, 4. Aufl. 1914.

Die Motive des Witzes: Der Witz als sozialer Vorgang. Auszug aus: Der Witz und seine Beziehung zum Unbewussten. S.Fischer Gesamtwerk Band VI, Frankfurt 1940.

Die sexuellen Abirrungen. Auszug aus: Drei Abhandlungen zur Sexualtheorie. Deuticke Verlag, Leipzig/Wien, 6. Aufl. 1925.

Zwangshandlungen und Religionsausübung. In: Werke aus den Jahren 1909–1913. S.Fischer Gesamtwerk Band VIII, Frankfurt 1945.

Zur Einführung des Narzissmus. In: Werke aus den Jahren 1913–1917. S.Fischer Gesamtwerk Band X, Frankfurt 1946.

Das Unbewusste. In: Werke aus den Jahren 1913–1917. S.Fischer Gesamtwerk Band X, Frankfurt 1946.

Trauer und Melancholie. In: Werke aus den Jahren 1913–1917. S.Fischer Gesamtwerk Band X, Frankfurt 1946.

Jenseits des Lustprinzips. Internationaler Psychoanalytischer Verlag, Leipzig/Wien/Zürich, 2. Auflage 1921.

Massenpsychologie und Ich-Analyse. Internationaler Psychoanalytischer Verlag, Leipzig/Wien/Zürich 1921.

Die beiden Triebarten. Auszug aus: Das Ich und das Es. Internationaler Psychoanalytischer Verlag, Leipzig/Wien/Zürich 1923.

Einige psychische Folgen des Geschlechtsunterschieds. In: Studien zur Psychoanalyse der Neurosen aus den Jahren 1913–1925. Internationaler Psychoanalytischer Verlag, Leipzig/Wien/Zürich 1926.

Über die weibliche Sexualität. In: Gesammelte Schriften. Band 12, Schriften aus den Jahren 1928 bis 1933. Internationaler Psychoanalytischer Verlag, Leipzig/Wien/Zürich 1934.

Albert Einstein, Sigmund Freud (Hrsg.):Warum Krieg? Internationales Institut für geistige Zusammenarbeit, Paris 1933.

Bibliografische Information der Deutschen Nationalbibliothek
Die Deutsche Nationalbibliothek verzeichnet diese Publikation in der Deutschen
Nationalbibliografie; detaillierte bibliografische Daten sind im Internet über
http://dnb.d-nb.de abrufbar.

Es ist nicht gestattet, Texte dieses Buches zu scannen, in PCs oder auf CDs zu
speichern oder mit Computern zu verändern oder einzeln oder zusammen mit
anderen Bildvorlagen zu manipulieren, es sei denn mit schriftlicher Genehmigung
des Verlages.

Alle Rechte vorbehalten

© by marixverlag in der Verlagshaus Römerweg GmbH, Wiesbaden 2016
Redaktion: Sara Kerbeck
Covergestaltung: Karina Bertagnolli, Wiesbaden
Bildnachweis: akg-images GmbH, Berlin/ Fototeca Gilardi/ Dariush
Satz und Bearbeitung: SATZstudio Josef Pieper, Bedburg-Hau
Der Titel wurde in der Minion Pro gesetzt.
Gesamtherstellung: CPI books GmbH, Leck – Germany

ISBN: 978-3-7374-1026-7

www.verlagshaus-roemerweg.de